〈増補改訂三版〉

少数株主のための

非上場株式を高価売却する方法

喜多洲山
SHUZAN KITA

幻冬舎 MC

〈増補改訂三版〉

少数株主のための

非上場株式を高価売却する方法

はじめに

非上場株式を換金できずに困っている人が多くいます。

上場企業サーチが発表した「日本の各都道府県の株式会社数と上場会社数」から算出すると、２０２４年2月現在、日本の株式会社のうち99・８％は非上場会社です。

非上場株式にはマーケットがありません。したがって、非上場株式を所有していてもなかなか売却することはできないのです。それはたとえ業績を大きく伸ばしているような優良企業の株式であっても同様です。

モノの値段は、売買が成立することによって確定します。ところが多くの非上場会社の株式は売買が成立しないため値段がつきません。つまり、値段がつかないものは何千株、何万株持っていても「無価値」なのです。非上場株式を所有している人が大勢いる状況下で今、大きな問題が発生しています。

例えば、次のような事例がありました。

「創業者の父を持つ長女の私は、全体の15％の株式を所有し、監査役として報酬を得ていました。株式の資産価値は（純資産÷持株比率）で計算すると1億円ほどです。ところが、社長を引き継いだ長男に突然監査役を解任されてしまい、毎月の報酬がなくなってしまいました。やむなく生活のために株式を売ろうとしましたが、会社をはじめ誰も買ってはくれません。そのため預金を切り崩して暮らす毎日です……」

「年商数百億円の非上場会社の取締役を務めていましたが、15年前に定年退職をしました。3年前に毎月持株会から買っていた自社株式を会社に売ろうとしたところ、希望価格（純資産÷持株比率）の25分の1程度でしか買い取らないと言われてしまいました。納得できないので弁護士を代理人として調停を申し立てましたが不調に終わり、解決策が見当たらず2年経っても埒《らち》が明きません」

このように、非上場株式には「買い手が見つからない」「見つかっても買い叩《たた》かれる」といったことのほか、相続税の問題も挙げられます。

「親が亡くなって非上場株式を相続しました。配当金は毎年500万円なので、資産価値は10年分（配当還元方式）の5000万円だと考えていました。相続税は税率20％の※1000万円です。ところが、税務署が出した資産価値は2億円、配当の40倍です。そのため相続税が税率40％の※8000万円に跳ね上がってしまったのです。自宅を売却しても納めることができません……」（※本文も含め、納税額の控除は考慮しない）

税務署がはじき出す非上場株式の資産価値は、独自の計算式によって決まります。それはときに一般的に算出される資産価値をかなり大きく上回ることがあるのです。

しかも、実際には売買が成立しないため現金化できない非上場株式にもかかわらず、多額の納税義務が発生します。相続税の税率は、累進課税制度（租税を賦課《ふか》する課税対象が増えるほど、より高い税率を課する課税方式のこと）によって10％から最大55％にもなります。

売りたくても売れない。でも納税は待ったなし――。

私が代表を務める株式買取相談センターには、このような悲痛の声が全国各地から届いています。

非上場株式を所有するうえで最大の問題は、流動性がないことです。ではなぜ流動性がないのでしょうか。その理由は「会社」が法律で守られているからです。

日本の会社法では、非上場株式の売買をするには取締役会や株主総会の譲渡承認が必要です。非上場会社の株主の多くは家族・親戚で仲良くやっているのに、どこの誰かも分からない第三者が入ってくることで、会社をめちゃくちゃにされてしまうリスクが高まります。そのため法律上、簡単に株式を売買できないようになっているのです。

また、組織再編や事業譲渡、合併などの株主総会の特別決議が必要なとき以外は、少数株主の買取請求権は行使できません。

そのため会社に対しても経営者に対しても、株式を買ってくださいと依頼はできても、拒絶されるとそれ以上は何もできないのです。

私はこれまで20年以上にわたり、経営コンサルタントとして事業再生を中心とした活動を続けてきました。そのなかで先述した悩みを持ち、非上場株式を手にしているがゆえに苦しんでいる人を数多く見てきました。

そこで「なんとかその人たちに手を差し伸べられないだろうか」と非上場株式のカラクリとその仕組みについて猛勉強し、非上場株式の現金化サービスを２０１８年に事業化しました。

私独自の非上場株式を現金化する手法を駆使すれば、ほとんどの非上場株式を現金化することが可能です。しかも株式を発行した会社に買い取ってもらう価格の10倍以上に化けることも珍しくありません。実際に、会社から「5000円なら買い取る」と言われていた非上場株式を5000万円（1万倍）に換金した実績もあります。

これらの事例を筆頭に、事業立ち上げからたった5年で1500件以上の問い合わせがあり、そのうち100件以上の非上場株式を、株主の希望価格以上に現金化してきました。株主が売却できた非上場株式の累計額は40億円を超えており、株主の代理人弁護士からの相談も100件以上にのぼります。

また、破産管財人の弁護士の先生より破産者の財産の換価業務で、株式買取相談センターとして受けた非上場株式の問い合わせは50件以上となり、買取を実施することも増えてきました。

非上場株式を相続した際の税率は最大55％になりますが、今回紹介する現金化の手法では、どんなに多額の株式を売却しても税率を約20%にとどめることが可能です。

本書では、これまで世になかった非上場株式を現金化する方法について、その仕組みとカラクリを、実例を取り上げながら詳しく解説していきます。

「非上場株式を所有していると、どのようなデメリットがあるのか」「どうしたら売却が可能になるのか」「売却するうえで得られるメリットはどんなものなのか」などについて、株式取引すらやったことのない人でも理解できるよう分かりやすくまとめました。

第2章の納税額に関する部分と第3章の株価の評価方法は専門的な用語で説明していますが、すべてを理解する必要はなく、そのようなルールで税金が決まったり、株価を算定する方法があったりするのだと感じていただくだけでかまいません。株式買取相談センターでは専門家がサポートしますので、ご安心ください。

知識がないまま非上場株式を所有していると、人生において予期せぬ危機（多額の税金負担等）に陥ることがあるかもしれません。あなたの財産、そしてこれからの生活を守るために、本書がお役に立つのであれば、筆者としてこれに勝る喜びはありません。

※第5章の事例集は守秘義務があるため、事実をベースとしたフィクションです。
※税法は毎年改正があり、特例制度も多数あるので、税金計算は税理士と相談しながら行うことが必要です。

目次

第1章

非上場株式が宝の持ち腐れになっている!?

第2章 その非上場株式、放置すると納税額が跳ね上がる可能性も

第3章 非上場株式を換金する方法とその仕組み

第4章
非上場会社の株式換金における メリットと注意点

第1章

非上場株式が
宝の持ち腐れに
なっている!?

典型的なお困りパターンを紹介

上場企業サーチのデータによると、日本の株式会社数は約242万8000社にのぼります。これがどのような数字か想像できる人は少ないはず、そこで日本の上場会社の数と比較してみましょう。

日本の上場会社数は約4000社です。つまりざっと計算すると、日本の株式会社の99・8%が非上場会社です（上場企業サーチ「日本の各都道府県の株式会社数と上場会社数」2024年2月現在）。

この数字は全国津々浦々に大勢の非上場会社の株主がいることを意味します。

最初にお伝えしておきますが、非上場会社の株主、特に持株比率が50%以下の「少数株主」の多くは、将来非常に困った事態に直面する可能性があります。

まずは、私がこれまでに見てきた典型的な2つの例を紹介していきます。

「誰も買い取ってくれない株に300万円の相続税が……」

Aさん　41歳　男性　個人事業主

先日父が亡くなりました。そこで遺産相続の手続きをしていると、父がN社の株式を所有していることが分かりました。N社は機械製造の非上場会社ですが、年商数百億円というそこそこの規模です。

私はそのことをまったく知らなかったので、母に詳しく聞いてみました。すると私の祖父がN社の創業者と中学校から大学までの同級生で、N社が株式会社になる際に株式を購入しており、それを父が相続していたのです。

その株式の相続税評価額は約2000万円（5000株）でした。そして納税額は300万円。払えない額ではありませんが、当時の私は新規事業を立ち上げるために現金が必要だったので、できれば預金は1円でも減らしたくなかったのです。

また、私にとって縁もゆかりもないN社の非上場株式を持つ意味を感じることができませんでした。

そこで私はN社の総務課に電話をし、評価額（2000万円）以上の価格で買い取ってほしいと打診してみたのです。すると「引き取ることはできるが、値段はつけられません」との回答。つまりタダなら引き取ると言うのです。

2000万円を無料にしろと言うのか⁉　私は耳を疑いました。

そんな虫のいい話があるはずありません。

ところが先方はその理由をこのように説明しました。

「リーマンショック前に数十億円で購入した工場用地の評価額が暴落し、債務超過になっている。そのため当社の資産総額はゼロ以下です。株価も当然ながらゼロになります」

仕方なく私は300万円の相続税を自腹で納めました。なんとか売却して取り戻したいものですが、非上場会社の株式なんて誰も買ってはくれません……。

「5000万円の株が、たった400万円に……」

Bさん　36歳　男性　会社員

私の父は、祖父が創業したスーパー（非上場会社）の株式の20％（5000株）を相続しています。しかし、経営には一切携わっていません。そもそも父は人づきあいが苦手で、経営にもまったく興味がなかったようです。ですから父の弟である叔父が跡を継ぎ、父は他社で雇われの身として、長年建築関係の仕事を続けていました。その結果、父と叔父はだんだん疎遠になり、ここ数年は会話もしていません。

ところが1年ほど前に父がガンを患い、まったく仕事ができない状態になりました。ガンの治療にはかなりの費用がかかります。今まで預金と私の稼ぎでなんとかやってきましたが、そろそろ限界が近づいてきました。

このような状況で決断したのが、叔父が経営する会社の株式売却です。

実は、私は祖父が創業したスーパーの経営を手伝いたいという思いから、大学院で経営を学びＭＢＡ（経営学修士）を取得していました。しかし、当時すでに社長となっていた叔父は、私のことをまったく受け入れてくれなかったのです。おそらく私を通じて父と接点を持つことが嫌だったのでしょう。叔父の持株比率は51％もあるので、誰も口出しできません。

このような状況なので、将来私が父の持つ株式を相続しても、経営には携われないでしょう。しかも現在の配当金はゼロです。そんな株式なら持っていても仕方がないという結論に至ったわけです。

そこで、会社のなかで唯一つながりのある専務に現在の株価を聞いてみました。すると、顧問税理士が毎年評価をしており、「1株1万円の価値がある」というのです。7年連続黒字であるため、どんどん評価が上がっているとのことでした。

父と私はこの言葉に舞い上がりました。父名義の株式は５０００株あります。1株1万円であれば５０００万円。これだけあれば十分な治療を受けられます。

私は父の代理として期待に胸を膨らませ、叔父に売却の意思を伝えにいきました。ところが――。叔父の回答は「1株800円」だったのです。

1万円と800円では12・5倍の差があります。5000株なら5000万円が400万円になってしまう、まさに雲泥の差です。

私は思わず気色ばみ「どうしてそんな金額になるんですか！」と問い詰めました。すると叔父は「うちはそんなに儲《もう》かってないよ。それに多店舗展開を続けているから借金も多い。だから800円でもギリギリだよ」と涼しい表情で返してくるではありませんか。また、計算根拠は配当還元方式だと主張されました。

正直に言うと、400万円でも喉から手が出るほど欲しいです。だからといって1万円と評価されていたものが800円になるのはどう考えても納得できません。しかし、叔父以外に株式を買い取ってくれる人は誰もいない……。本当に悔しいです。

このように非上場株式は「換金したいのに誰も買い取ってくれない」「買い取ってくれる人がいても買い叩かれる」といった、悩みの種になっているケースが数多くあります。

一般的に株式は「資産・財産」と思われがちですが、ほとんどの少数株主にとって非上場株式は、まさにお荷物状態なのです。

自分の持ち物なのに、自由に売ることができない。しかも、詳細は後述しますが相続時にとんでもない事態を招くこともあり得るのです。

なぜそのようなことになるのか？　はたまた対策はあるのか？　これからじっくり解説していきます。

なぜ非上場株式は売れないのか？

多くの人が「株式は売買できて当たり前」と考えています。

実際に、日本には次のような複数の証券取引所（マーケット）があり、それぞれで上場された株式銘柄が活発に売買されています。

・東京証券取引所（プライム市場、スタンダード市場、グロース市場、TOKYO PRO Market〈とうきょうプロマーケット［TPM］〉）
・札幌証券取引所（本則市場、アンビシャス）
・名古屋証券取引所（メイン市場、プレミア市場、ネクスト市場）
・福岡証券取引所（本則市場、Q-Board〈キューボード〉）

また、証券取引所の中には会社の規模などによって、次のようなマーケットの区分があります。

・プライム市場：グローバルな投資家との対話を中心に据えた企業向けの市場
・スタンダード市場：投資対象として十分な流動性とガバナンスを備えた企業向けの市場
・グロース市場：高い成長可能性を有する企業向けの市場
・アンビシャス、Q-Board：ベンチャー企業が上場するマーケット、新興市場ともいう
・TOKYO PRO Market：東京証券取引所が開設する日本で唯一の特定取引所金融商品市場

上場とは各取引所において、株式の取引を開始することです。上場するには業績の推移、財務体質、将来の見通し、株主構成といった、取引所などが定める上場基準を満たし、上場審査をクリアしなければなりません。その審査基準は、より上位

の市場のほうが厳しくなります。

このように、株式を各マーケットで売買するには、まず厳しい審査をクリアして株式を上場させなければなりません。

ところが非上場株式は、読んで字のごとく上場していません。したがって、いくら株式を売りたくても買い手が見つからないため、売却するのが非常に困難なのです。

そもそも非上場株式とは、証券取引所に上場していない会社の株式を指します。これから上場する可能性を考慮し、未上場株式とも呼ばれます。

これからマーケットに上場される予定の株式が、直前に一般に向けて売り出されることがあります。そのような株式を手に入れた場合、上場と同時に急激に値上がりすることが多々あるので、非常に人気を呼びます。

NTT（1987年2月上場・時価総額24兆9600億円）、NTTドコモ（1998年10月上場・時価総額8兆8090億円）、ゆうちょ銀行（2015年11月上場・時価総額7兆5600億円）などが有名で、上場時の熱狂を覚えている人も少なくないはずです。

しかしこれは非上場株式のほんの一部に過ぎず、ほとんどの非上場株式に上場の予定はありません。繰り返しになりますが、日本の株式会社の総数は約２４３万社。一方で上場している会社はわずか４０００社程度で、株式会社の約99・８％は非上場会社です。そのほとんどの株式は上場されることがないためマーケットで売買することができないのです。

ただし、価格など条件面で折り合いがつけば、当事者間での売買は可能です。とはいえマーケットがない状況で、買主を見つけるのは至難の業であるのが実状です。

売却困難な株式の種類

非上場株式のなかでも、特に売却が困難なものがあります。それは次の二つの株式です。

1. 同族株式

ここでいう同族とは、親族（親戚関係にある人たち）のことを指します。相続税などに用いられる民法の「配偶者と6親等内の血族および3親等内の姻族」ということになっています。

血族とは血のつながっている人たちのほか、養子縁組による親子（法定血族）も含まれます。また姻族とは、結婚によってつながった人たちです。

同族会社の同族株式とは、一般的にこのような親戚関係者だけで持株比率50％超を占めている株式のことです。詳細は後述しますが、株式会社にとって持株比率は大きな意味を持ちます。そのなかでも50％を超えるか否かが大きな境目となり、超えていれば株主総会において取締役の選任・解任や決算の承認などが可能になります。つまり、会社をほぼ牛耳ることができるのです。

そのため、創業者の多くは自分一人で50％超の株式を保有し、「会社は自分のモノ」という考えを抱きがちです。

また非上場会社の多くは、創業者個人で50％を超えることがなくても、同族でこの比率を維持することに固執します。このような会社がいわゆる〝同族会社〟です。日本経済大学大学院の後藤俊夫特任教授によると、上場会社の中でファミリービジネスの割合は53％（2015～18年）に上りますが、非上場会社の場合はほとんどが同族会社といえます。

同族会社の株主は、ほとんどが親戚関係にあるので利害が一致し、ほかの株主が入ってくることを嫌がる傾向にあります。そのため同族同士以外の株式売買は、困難になることが多いのです。

2．譲渡制限株式

譲渡制限株式とは、売買をする際に取締役会または株主総会など、会社の承認が必要と定款で定められた株式のことです（会社法第2条17号）。

この株式には二種類あり、一つは発行するすべての株を譲渡制限するもの、もう一つは一部の株式の譲渡を制限するものです。

譲渡制限株式にするか否かは会社設立時に決めることができ、そのことは一部か否かも含めて会社の定款と登記簿謄本に記載することになっているので、あとから確認することができます。一般的には、すべての株式は譲渡制限付とされています。すべての株式に譲渡制限株式を発行するメリットには、次のような事柄が挙げられます。

・取締役会の設置が不要になる

一部であっても譲渡制限のない株式を発行している会社は、取締役会の設置が義務付けられています。しかし、全株式が譲渡制限株式である場合にはその義務がありません（会社法３２７条）。

・監査役が不要になる

一部であっても譲渡制限のない株式を発行している会社は、取締役が３人以上必要であり、監査役または会計参与も１人以上必要です。一方で、全株式が譲渡制限株式である場合にはその必要がありません。

・取締役と監査役を株主に限定できる
全株式が譲渡制限株式である場合は、取締役や監査役などの役員は株主でなければならない、という制限を定款で定めることが可能です。

・役員の任期を延長することが可能になる
会社法によって取締役と会計参与の任期は基本的に2年、監査役は4年と定められています。しかし、全株式が譲渡制限株式である会社の場合は、定款によってそれぞれ10年まで延長することが可能です。

・大株主の考えで株主を決められる
譲渡制限株式は、売買をする際に取締役会または株主総会の承認が必要です。したがって、大株主（多くの場合、経営者）が承認した人に株式を集中させ、それ以外の人は株主にさせないということが可能になります。このことは、大株主が後継者を決める際などに有効に働きます。

・株主総会の手続きを簡便にできる

一部であっても譲渡制限のない株式を発行している会社が株主総会を開催する場合、原則としてその2週間前までに書面等で通知しなければなりません。ところが全株式が譲渡制限株式である会社は、1週間前、さらに条件によってはそれより短期間での通知でも認められることになっています。また、書面ではなく口頭での招集も条件により可能です（会社法第２９９条）。

・会社の乗っ取りを防止できる

株式会社というものは、株式を50％超で保有していれば、取締役の選任・解任などの権利を得ることができます。つまり、株式を買い集めれば会社を乗っ取ってしまうことができます。

それを阻止するために、株式の譲渡制限が有効なのです。すなわち、知らない間に見知らぬ株主が登場したり、会社運営に支障をきたす恐れのある株主が登場したりすることを阻止できるのです。

以上のように譲渡制限株式の効果は複数ありますが、そのほとんどが経営者＝大株主の自由奔放な会社運営を許す温床となっています。

そして譲渡制限株式を設定する最大の目的は、会社の乗っ取りを含めた「第三者が株主となって会社経営へ口出しするのを防ぐこと」です。要するに日本の非上場会社は法律によって頑丈に守られているのです。

譲渡制限株式を発行する会社、特に同族会社は第三者が株主になることを極端に嫌がります。それはたった1株であっても同様です。なぜなら、たった1株でも株主になればある程度の権利が与えられますし、さらには持株比率（発行済株式総数に対する割合）が高くなればなるほどその権利は大きくなっていくからです。

※譲渡制限株式でも譲渡は可能です。民法第521条の契約自由の原則が根拠です。

持株比率と得られる権利

持株比率による主な権利について、以下に挙げていきます（※株式には議決権のない種類もあるため、持株比率と議決権は同じではない）。

1株以上保有している場合

・取締役会招集請求権（会社法第367条）
・定款、株主名簿、計算書類、株主総会議事録、取締役会議事録閲覧謄写請求権（会社法第31条、第125条、第442条、第318条、第371条）
・株主代表訴訟提起権（会社法第847条）

議決権の1%以上を保有している場合

・株主総会の招集手続等検査役選任請求権（会社法第306条）

・株主総会議題・議案提出権（会社法第３０３条）
議決権の１％以上または３００個以上を保有している場合

・株主総会招集請求権（会社法第２９７条）
議決権の３％以上を保有している場合

・業務執行に関する検査役選任請求権（会社法第３５８条）
・会計帳簿閲覧権（会社法第４３３条）
・取締役および監査役の解任請求権（会社法第８５４条）
議決権の３％以上または持株比率３％以上の株を保有している場合

・訴えをもって株式会社の解散を請求する権利（会社法第８３３条）
議決権の10％以上または持株比率10％以上の株を保有している場合

持株比率33・3％以上の株を保有している場合
・株主総会の特別決議を単独で否決する権利（会社法第309条）

持株比率50％超の株を保有している場合
・株主総会の普通決議を単独で可決する権利（取締役の選任・解任など）
（会社法第309条）

持株比率66・7％以上の株を保有している場合
・株主総会の特別決議を単独で可決する権利（「自己株式の取得」、「事業譲渡」、「合併や会社分割といった組織変更」など）（会社法第309条）

議決権の90％以上を保有している場合
・その他の少数株主から株式を強制的に取得できる権利（スクイーズアウト）
（会社法第179条）

該当する会社法条文の要約

会社法第31条

1．株式会社は、定款を本店及び支店に備え置かなければならない。

2．株主及び債権者は、その営業時間内は、いつでも定款の書面の閲覧、定款の書面の謄本・抄本の交付請求をすることができる。

会社法第179条

株式会社の特別支配株主（総株主の議決権の90％以上を保有している株主）は、当該株式会社の株主（当該株式会社及び当該特別支配株主を除く）の全員に対し、その株式の全部を売り渡すことを請求することができる。

会社法第297条

総株主の議決権の3％（これを下回る場合は割合を定款で定める）以上の議決権

を6箇月（これを下回る場合は定款で定める）前から引き続き有する株主は、取締役に対し、株主総会の目的である事項及び招集の理由を示して、株主総会の招集を請求することができる（株式譲渡制限会社は6箇月保有不要）。

会社法第303条

総株主の議決権の1%（これを下回る場合は定款で定める）以上の議決権又は300個（これを下回る場合は定款で定める）以上の議決権を6箇月（これを下回る場合は定款で定める）前から引き続き有する株主に限り、取締役に対し、一定の事項を株主総会の目的とすることを請求することができる（※株式譲渡制限会社は6箇月保有不要）。この場合において、その請求は、株主総会の日の8週間（これを下回る場合は定款で定める）前までにしなければならない。

※株式譲渡制限会社とは、株主から株を取得した者を株主として認めるか否かを決める権限が会社側にある会社の事です。

会社法第306条

株式会社又は総株主の議決権の1%（これを下回る場合は定款で定める）以上の議決権を有する株主は、株主総会の招集の手続及び決議の方法を調査させるため、株主総会に先立ち、裁判所に対し、検査役の選任の申立てをすることができる。

会社法第309条

1．株主総会の決議は、定款に別段の定めがある場合を除き、議決権を行使することができる株主の議決権の過半数を有する株主が出席し、出席した当該株主の議決権の過半数をもって行う（普通決議）。

2．前項の規定にかかわらず、※次に掲げる株主総会の決議は、議決権を行使することができる株主の議決権の過半数（3分の1以上の場合は定款で定める）を有する株主が出席し、出席した当該株主の議決権の3分の2（これを上回る場合は定款で定める）以上に当たる多数をもって行わなければならない（特別決議）。

（※「次に掲げる株主総会の決議」とは、「自己株式の取得」、「事業譲渡」、「合併や会社分割といった

組織変更」など）

会社法第358条

株式会社の業務の執行に関し、不正の行為又は法令若しくは定款に違反する重大な事実があることを疑うに足りる事由があるときは、総株主の議決権の3％（これを下回る割合を定款で定めた場合にあっては、その割合）以上の議決権を有する株主又は発行済株式（自己株式を除く。）の3％（これを下回る割合を定款で定めた場合にあっては、その割合）以上の数の株式を有する株主は、当該株式会社の業務及び財産の状況を調査させるため、裁判所に対し、検査役の選任の申立てをすることができる。

会社法第367条

取締役会設置会社（監査役設置会社及び監査等委員会設置会社は除く）の株主は、取締役が取締役会設置会社の目的の範囲外の行為その他法令若しくは定款に違反する行為をし、又はこれらの行為をするおそれがあると認めるときは、取締役会の招集を請求することができる。

会社法第433条
総株主の議決権の3％（これを下回る場合は定款で定める）以上の議決権を有する株主又は持株比率3％（これを下回る場合は定款で定める）以上の株式を有する株主は、株式会社の営業時間内は、いつでも、次に掲げる請求をすることができる。この場合においては、当該請求の理由を明らかにしなければならない。
1．会計帳簿又はこれに関する資料が書面をもって作成されているときは、当該書面の閲覧又は謄写の請求。
2．会計帳簿又はこれに関する資料が電磁的記録をもって作成されているときは、当該電磁的記録に記録された事項を法務省令で定める方法により表示したものの閲覧又は謄写の請求。

会社法第833条
次に掲げる場合において、やむを得ない事由があるときは、総株主の議決権の10％（これを下回る場合は定款で定める）以上の議決権を有する株主又は持株比率

10%(これを下回る場合は定款で定める)以上の株式を有する株主は、訴えをもって株式会社の解散を請求することができる。

1．株式会社が業務の執行において著しく困難な状況に至り、当該株式会社に回復することができない損害が生じ、又は生ずるおそれがあるとき。

2．株式会社の財産の管理又は処分が著しく失当で、当該株式会社の存立を危うくするとき。

会社法第847条

6箇月(これを下回る場合は定款で定める)前から引き続き株式を有する株主は、株式会社に対し、書面その他の法務省令で定める方法により、発起人、設立時取締役、設立時監査役、役員等若しくは清算人の責任を追及する訴え等の提起を請求することができる(株式譲渡制限会社は6箇月保有不要)。ただし、責任追及等の訴えが当該株主若しくは第三者の不正な利益を図り又は当該株式会社に損害を加えることを目的とする場合は、この限りでない。

会社法第854条

役員（取締役、会計参与、監査役）の職務の執行に関し不正の行為又は法令若しくは定款に違反する重大な事実があったにもかかわらず、当該役員を解任する旨の議案が株主総会において否決されたとき等は、総株主の議決権の3％（これを下回る場合は定款で定める）以上又は持株比率3％（これを下回る場合は定款で定める）以上保有する株主は、当該株主総会の日から30日以内に、訴えをもって当該役員の解任を請求することができる。

1株でも保有していれば取締役会議事録の閲覧を請求できるのと、株主代表訴訟もでき、持株比率3％以上であれば会計帳簿を閲覧できます。まして50％超なら取締役の選任・解任など会社経営をほとんど意のままにできてしまいます。

このようなことから譲渡制限株式を発行する会社の取締役会または株主総会は、よほどのことがない限り見ず知らずの第三者への株式譲渡を認めません。

そして、日本の非上場会社のほとんどが株式譲渡制限会社です。このことが、非上場株式の売却を阻害する最大の壁となっています。

非上場株式が売買できる「株主コミュニティ」とは

非上場株式に証券取引所はないので、基本的に自由に売買することはできません。しかし、それに近い場は存在します。それが「株主コミュニティ」です。

株主コミュニティとは、日本証券業協会の指定を受けた証券会社が運営する、非上場会社とその身近な人たちのための株式取引と資金調達制度です。

その目的は、「非上場のまま資金調達がしたい」「上場せずに低コストで自社株式を取引したい」「株主や地元の投資家が活発に株取引できる場を提供したい」「事業承継したいので分散した株式を買い集めたい」といった非上場会社と、「身近な非上場会社の株取引を通じて、その会社を応援したい」と考えている投資家のマッチングです。

制度の仕組みとしては、指定を受けた証券会社が株式銘柄ごとにコミュニティを組成し、投資勧誘や情報提供を行います。投資家はコミュニティ参加者に限られ、取引対象も上場銘柄ではないためインサイダー取引規制の対象にはなっていません。

具体的には、「対象となる会社の株主コミュニティを運営する証券会社で参加を申し込む」→「コミュニティに参加する」→「コミュニティ内で株取引を行う」という流れになります。

では、この制度を利用すれば悩みの種となっている非上場株式を売却することができるのかというと、その答えはノーです。

なぜなら、このコミュニティの参加は任意だからです。したがって、第三者の株主を拒む大多数の非上場会社は参加していません。実際に2024年2月時点で参加しているのは、約50社です。日本の非上場会社の総数が約243万社ですから、参加率は約0・002%。この制度で少数株主が保有する非上場株式を売却できる可能性は限りなくゼロに近いのです。

このようなことから大多数の非上場会社の株主にとって、株主コミュニティの利用は現実的ではありません。

ならばどうするか？　その答えが本書のテーマになります。非上場株式は一般的に換金が困難ですが、実はお宝に換える方法があるのです。その方法は、これからじっくり説明していきます。

ちなみに株主コミュニティに関しては、投資対象としてもあまりお勧めできないと個人的には思います。なぜなら、参加会社は有価証券報告書の報告や会計監査の義務がないため、かなり中身が見えにくい状態です。

さらにコミュニティ自体が解散してしまえば、取引する方法は、ほぼ個人売買のみに限られてしまいます。これではほかの非上場株式と同じことになります。

それなら流動性が高く、すぐに現金化できる上場株式へ投資したほうがよいと考えます。

第2章

その非上場株式、放置すると納税額が跳ね上がる可能性も

相続によって自己破産の危機に

ほとんどの非上場株式は、売るに売れない状態です。そのため※塩漬けにせざるを得ません。その結果、親から子へ、子から孫へと相続していくことになります。「相続するだけなら得はしないが損もしないのでかまわない」そう考える人も多いようですが、そんな悠長に構えてはいられないことを知っておくべきです。

なかには相続することによって、※自己破産の危機に瀕《ひん》する人もいるのです。以降ではその実例を紹介していきます。

（※塩漬けとは、現在の価格が買い値よりも下がっていて、売ると損が出る状態であるために、やむをえず長期保有していることをいう。特に、株価がしばらく上がりそうにない銘柄を持っている場合によく使われる）

（※自己破産をしても税金は免責されず納税義務は残る）

「2回目の相続で相続税が8倍に！」
Cさん　55歳　女性　無職

私の父は、電子機器製造会社の創業者でした。10年前に他界し、私はその会社の株式を4％と当時父が所有していた投資用アパートを相続しました。現在は株の配当金と家賃収入で生活をしています。

ところが先日、事業を引き継いだ弟から配当金をゼロにするという連絡が入りました。中国企業に対抗するために多額の設備投資をするので、配当を出せないというのです。

私は未婚で仕事もしていません。そのため配当金がなくなるのは死活問題です。ですからどうしても配当を続けてほしいのですが、弟には強く言えない事情もありまして……。

実は、私は短大を卒業してから父の会社でしか働いたことがありません。それに働いたといっても雑用ばかりで、パソコン操作すらほとんどできない状態です。

弟はそんな私を見かねて、父が健在のときから、うるさいくらいに「事務仕事を覚えろ」と言ってきました。しかし、私はそんな時間があれば旅行や買い物などへ行きたいので、まったく耳を貸さなかったのです。

このような状況で父が亡くなり、事業を引き継いだ弟が最初に行ったのは、私を会社から追い出すことでした。私としても守ってくれる父がいない会社にいても肩身が狭いので、あっさり辞めることにしたのです。父から相続した株の配当金と家賃収入を合わせれば、働かなくてもなんとかやっていけると判断したためです。

気になることといえば相続税でしたが、当時の配当金は年間500万円くらいで、税務署が出した株の評価額は10倍の5000万円でした。5000万円の税率は20%なので1000万円。この金額なら預金からなんとか納税することができました。

ところが弟は、そんな私の考えがどうも気に入らなかったようです。私に就職する意思がないことを知ると、「もう縁を切る」と電話をしてきて、それ以来一切口をきかなくなってしまいました。

だからといって配当金がなくなるのは困ります。知り合いを頼って弁護士を紹介してもらい、本当に会社にお金がないのか調べてもらいました。すると、弟が事業を引き継いで以来、ずっと黒字経営であることが分かったのです。

ならば配当金を！と交渉を始めようとしたときでした。今度は突然叔母が亡くなったのです。叔母もまた、会社の株主でした。そして未婚で子どもはいません。そのようなことから叔母の持つ株式の一部を私が相続することになったのです。

相続したのは、父のときと同じ4％の株式。ですから、相続税も同じ金額の1000万円だと思っていました。

ところが、税務署が出した株式の評価額は2億円だったのです。配当金の40倍。さらには相続税の税率も40％に上がりました。つまり8000万円も納税しなければならなくなったのです。

いくらなんでも8000万円もの現金を用意することはできません。自宅を売却するしかない……それでも足りない気がします。

こうなったら仲が良いとか悪いとか、そんなことは関係ありません。私は意を決して、弟に株式を買い取ってくれと直接頼みに行きました。すると彼は「税理士に相談するから少し時間が欲しい」と返答したのでした。

それから1週間後、電話がかかってきました。「その株式はタダでなら引き取る」と言うのです。その瞬間私は目の前が真っ暗になり、スマホを持ったまま座り込んでしまいました。毎年500万円の配当金があった株式がゼロ円なんて信じられません。

しかし彼は「今の会社は本当に負債が多いんだ。配当金もゼロにする。だから株価もゼロだ」の一点張りです。

配当金はもらえない。相続税は払えない。株式は換金できない……。一体私はどうすればいいのでしょうか。

このような人生最大の危機ともいえる事態を避けるためには、まず相続税の仕組みを理解する必要があります。

相続税の仕組み

相続税とは、相続人（個人）が被相続人（亡くなった人）から相続した財産に対して課せられる税金です。

相続人には必ず配偶者が含まれ、それ以外は民法で次のように相続の順位が決まっています。

第1順位：被相続人の子。子が相続開始以前に亡くなっている場合は孫。

第2順位：被相続人に子や孫がいない場合は、被相続人の父母。父母が相続開始以前に亡くなっている場合は祖父母。

第3順位：被相続人に子、孫、父母、祖父母がいない場合は、被相続人の兄弟姉妹。兄弟姉妹が被相続人の相続開始以前に亡くなっている場合は、被相続人の甥と姪。

図表1　相続税の速算表
（平成27年1月1日以降発生の相続）

法定相続分に応ずる取得金額（基礎控除控除後）	税率	控除額
1000万円以下	10%	—
3000万円以下	15%	50万円
5000万円以下	20%	200万円
1億円以下	30%	700万円
2億円以下	40%	1,700万円
3億円以下	45%	2,700万円
6億円以下	50%	4,200万円
6億円超	55%	7,200万円

国税庁「相続税の税率」を基に作成

相続税の税率は超過累進課税となっています。なお、本書では分かりやすく説明するために税の軽減措置に関しては触れません。

図表1のように、1000万円以下の相続なら税率は10％ですが、それ以上だと15％（3000万円以下）、20％（5000万円以下）、30％（1億円以下）と上がっていき、最終的に6億円を超える相続をした場合の税率は55％となります。仮に7億円

を相続したら3億8500万円（※税控除含まず）。この金額をあなたは納めることができるでしょうか？

「そんな多額の相続なんてあり得ない」と思うかもしれません。確かに6億円を超える相続は、そう多くはありません。しかし、これまでの私の経験からすると、1億円を超える相続は決して珍しくはないのです。非上場といえども年商100億円以上の会社はいくらでもあります。そのような会社のオーナーが亡くなった際、多くは億単位の相続となるのです。

特殊な相続税評価額の算出方法

では、相続税の根拠となる非上場株式の評価額をどのように算出するかについて見ていきます。

現金ならそのままの金額が課税対象になりますし、不動産なら路線価（土地）や固定資産税評価額（建物）などによって算出します。一方で、非上場株式の評価方法は複数あります。そのなかでも相続税に関しては、ある決まった方法で算出します。その算出方法は非常に複雑なため、通常は税理士など専門家に依頼するのですが、ここでは分かりやすく簡単に説明しておきます。

相続税において非上場株式を評価する場合、主に次の四つの評価方法が利用されます。

1．類似業種比準方式

相続した株式の発行会社と同じ業種の上場会社の株価を基とする算出方法です。同じ業種の上場会社には、当然ながら公開されている株価があります。そこでその上場会社の配当金や利益、純資産などを勘案し、対象とする非上場株式の評価額を算出するのです。

例えば「配当金、利益、純資産の規模が比較する上場会社の2分の1程度なら株式の評価額も2分の1にする」といったものです。

2．純資産価額方式

「今、株式発行会社を解散させたらいくらもらえるか」という視点で算出する方法です。具体的には貸借対照表（ＢＳ）の純資産価額（資本金＋内部留保）に持株比率を掛けた金額に近くなります。

例えば持株比率が10％で、純資産価額が３億円なら、株式の評価額は３億円×10％＝３０００万円です。

「近く」と書いたのは、実際に解散するときには会社が所有する不動産などを売却するため、その購入金額と現在の評価額にズレが生じることが多いからです。極端な例でいうと、バブル期に買った土地の値段と現在の値段は大きく違うはずです。そのため解散時には、そのズレに応じて株価も調整されます。

また、類似業種比準方式と純資産価額方式で比較すると、前者のほうが評価額が低くなる傾向があります。

3．併用法

類似業種比準方式と純資産価額方式を併せて算出する方法です。詳しくはこのあと説明します。

4．配当還元方式

この方法を理解するには、まず配当金を知らなければなりません。配当金とは、株主に分配される現金のことです。株主は持株数に応じて利益の還元を受ける権利（利益配当請求権）があります。会社の利益に応じて配当金の有無や増減が決定し、通常は年1回の本決算または中間決算も入れて年2回支払われます。

配当還元方式とは、本来は別の計算式があるのですが、簡単にいってしまうと10年分の配当金を株式の評価額とする方法です。非常に簡単な算出方法ですが、ほかの三つの方法に比べると評価額が低くなる傾向があります。なぜなら、非上場会社の場合、「経営者＝大株主」などの意向によって、利益があっても配当金を支払わない場合や利益に比例せず少ない配当金を支払っていることがあるからです。

ちなみに、上場企業の配当は税引後利益の約40％を配当するのが平均値となっています。

以上の1～3の方法をまとめて「原則的評価方式」、4の配当還元方式を「特例的評価方式」とも呼びます。

あなたの非上場株式はどの評価方法が適用されるか

さて、ここからは「あなたが所有する非上場株式は、どの評価方法が利用されるか」について説明します。実は非上場株式の相続において、どの評価方法を利用するのかは明確に決まっています。

まず確認しなければならないのは、「株式発行会社が同族会社（同族で持株比率50％超の株を保有）か否か」と「あなたが同族株主か否か」です。

もしあなたが「同族会社」「同族株主」の両方に当てはまるのなら、比較的評価額が高くなる「類似業種比準方式」「純資産価額方式」「併用法」のいずれかで算出しなければなりません。その理由は、同族会社の同族株主であれば、役員の進退や会社の解散といった重要な権限を持つことも可能、と税務署からみなされるからです。

一方で「同族株主でない＝少数株主」であれば、そのような重要な権限を持つことはほとんどあり得ません。株式を所有するメリットは毎年配当金を受け取れるくらいです。そのため「比較的評価額が低い＝相続税が低くなる」配当還元方式が利用されます。

では、同族株主が株式を相続することを前提として、どのような場合に「類似業種比準方式」「純資産価額方式」「併用法」が適用されるかについて説明していきます。

ほとんどの人は相続税の納税額を低く抑えたいはずです。したがって、この三つの方法のなかでは、比較的評価額が低くなる「類似業種比準方式」を利用したいと考えるでしょう。ところがこれらの方法の使い分け方は、株式発行会社の規模などで明確に決まっています。

まず、会社の規模を大規模会社、中の大規模会社、中の中規模会社、中の小規模会社、小規模会社の5段階に分けます。

分け方は、従業員数が70人以上であれば無条件で大規模会社になります。70人未満の場合は、従業員数でも一定の影響を受けますが、取引高基準による判定結果と総資産基準による判定結果を比べて大きいほうを採用します。

どちらの判定をするにしても、最初に会社を「卸売業グループ」「小売・サービス業グループ」「それ以外のグループ」に分類します。どのグループに当てはまるかは、総務省が公表している日本標準産業分類を確認すれば分かるようになっています。

取引高基準とは、1年間の売上高で会社の規模を判定する方法です。

各グループの判定基準は次のようになっています。

卸売業グループの売上高

・大規模会社　：30億円以上

・中の大規模会社：7億円以上
・中の中規模会社：3億5000万円以上
・中の小規模会社：2億円以上
・小規模会社　　：2億円未満

小売・サービス業グループの売上高
・大規模会社　　：20億円以上
・中の大規模会社：5億円以上
・中の中規模会社：2億5000万円以上
・中の小規模会社：6000万円以上
・小規模会社　　：6000万円未満

それ以外のグループの売上高
・大規模会社　　：15億円以上

・中の大規模会社：4億円以上
・中の中規模会社：2億円以上
・中の小規模会社：8000万円以上
・小規模会社　　：8000万円未満

総資産基準とは、会社の総資産額で、会社の規模を判定する方法です。
各グループの判定基準は次のようになっています。

卸売業グループの総資産額
・大規模会社　　：20億円以上
・中の大規模会社：4億円以上
・中の中規模会社：2億円以上

図表2　貸借対照表（BS：バランスシート）

・中の小規模会社：7000万円以上
・小規模会社　　：7000万円未満

小売・サービス業グループの総資産額
・大規模会社　　：15億円以上
・中の大規模会社：5億円以上
・中の中規模会社：2億5000万円以上
・中の小規模会社：4000万円以上
・小規模会社　　：4000万円未満

それ以外のグループの総資産額
・大規模会社　　：15億円以上
・中の大規模会社：5億円以上
・中の中規模会社：2億5000万円以上

・中の小規模会社：5000万円以上
・小規模会社　　：5000万円未満

この取引高基準と総資産基準による判定基準のいずれか大きいほうの判定結果で会社規模を判断します。
各規模の会社で適用できる評価方法は、以下のようになっています。

大規模会社
・「類似業種比準方式」と「純資産価額方式」のどちらを利用してもかまわないことになっています。ほとんどは評価額が低くなる「類似業種比準方式」を利用します。

中の大規模会社
・「類似業種比準方式」90％と「純資産価額方式」10％の「併用法」か「純資産価額方式」を選択することができます。

中の中規模会社
・「類似業種比準方式」75%と「純資産価額方式」25%の「併用法」か「純資産価額方式」を選択することができます。

中の小規模会社
・「類似業種比準方式」60%と「純資産価額方式」40%の「併用法」か「純資産価額方式」を選択することができます。

小規模会社
・「類似業種比準方式」50%と「純資産価額方式」50%の「併用法」か「純資産価額方式」を選択することができます。

このように、会社の規模が大きくなるにしたがって「類似業種比準方式」の割合が増えていくのは、会社の規模が大きくなるほどその性質が上場企業に近くなるか

図表3　非上場株式の相続税評価方法

会社の規模	評価方法
大	純資産価額方式 または 類似業種比準方式
中の大	純資産価額方式 または 併用法［類似業種比準方式 ×0.9＋ 純資産価額方式 ×0.1］
中の中	純資産価額方式 または 併用法［類似業種比準方式 ×0.75＋ 純資産価額方式 ×0.25］
中の小	純資産価額方式 または 併用法［類似業種比準方式 ×0.6＋ 純資産価額方式 ×0.4］
小	純資産価額方式 または 併用法［類似業種比準方式 ×0.5＋ 純資産価額方式 ×0.5］

らです。

ただし、これには例外があります。たとえ同族株主であっても、次の条件をすべてクリアしていれば、配当還元方式による評価も認められるのです。

同族株主でも配当還元方式が認められる条件（すべてクリアする必要がある）

・株式取得後の議決権割合が5％未満
・課税時期において役員ではない（法定申告期限まで役員にはならない）
・中心的な同族株主ではない
・本人以外に中心的な同族株主がいる

中心的な同族株主とは、本人の配偶者、直系血族、兄弟姉妹、1親等の姻族の議決権の合計が総数の25％以上になる株主のことです。

この章の最初に紹介した事例のCさんは、持株比率4％だったものが、叔母からの相続によって8％になったため、配当還元方式の適用対象から外れ、一気に納税額が跳ね上がったのです（※専門的な事項は、税理士の先生と要相談）。

「相続放棄」と「限定承認」とは

望んでもいないのに大量の株式を相続することになり、知らぬ間に数千万円の納税義務が生じていた。仕方がないので株式を売ってしまおうと考えたが誰も買ってくれない――。

非上場株式に関しては、このような人生を左右する大きな問題が頻発しています。

その対策として「物納」という方法を考える人もいるでしょう。税金は現金で納税することが原則ですが、相続税に限り延納しても納税が困難な場合は、納税者の申請によって物納が認められています。例えば、上場株式や土地、建物に対する相続税は、現金を用意しなくても課税対象そのものを差し出せば納税したと認められるのです。

ところが、国税庁のホームページによると譲渡制限株式は、物納不適格財産とされています。税務署からすれば、受け取っても現金化できないからです。税金は払えない、売りたくても売れない、物納もできない……。まさに八方塞がりです。

ここで、一般的な最後の手段として「相続放棄」という手があります。相続放棄とは、文字どおり相続人が遺産の相続を放棄することです。相続の対象には、現金や不動産、株式などの資産のほか、借金も含まれます。そのため、被相続人の借金が資産より多い場合などに相続放棄は有効です。

また、Cさんの事例のように被相続人に借金がなくても、非上場株式の相続税を納税するための現金が用意できない場合も利用価値はあるでしょう。

しかし、この相続放棄という制度にも問題があります。それは家庭裁判所への申し立ての期限です。相続税を申告する場合は、本人が相続人であることを知った日の翌日から10カ月以内に、被相続人の住所を所轄する税務署へ申告書を提出します。一方で相続放棄を選択する場合は、相続人であることを知ったときから3カ月以内に必要書類をそろえて家庭裁判所に申述しなければなりません（民法第915条）。

つまり、「納税の期限は10カ月後だからじっくり考えよう」と思っていると、相続放棄の期限が過ぎてしまうのです。

もし、3カ月以内に相続人が何も意思を示さなかった場合は、単純承認(借金を含めすべて相続)したとみなされます。納税したくても現金がない。だからといって相続放棄はもうできない。こうなってしまったら、自己破産手続きしか選択肢がなくなってしまうかもしれません。

ところが、たとえ自己破産をしても納税義務は免除されないのです。自己破産後も納税するまでは、ずっと税務署からマークされ続けます。それどころか、年14・6%の延滞税も加算されていきます(延滞税は納付日までの日数によって変動します)。

こういった最悪の事態を避けるためには、相続人になると知った時点で税理士に相談し、納税額を明確にしてから「単純承認」するか「相続放棄」するかを早め(3カ月以内)に決断することが得策です。

なお、第三の選択肢として「限定承認」という方法もあります。これは、相続で得た財産を限度として被相続人の借金を弁済する方法です。

例えば、相続財産として２０００万円の不動産と５０００万円の借金があったとします。不動産は先祖代々引き継いだ土地なので絶対に手放したくありません。

そこで、単純承認をした場合は２０００万円の不動産を維持できる代わりに、５０００万円の借金を返済しなければならなくなります。

一方で、限定承認をすれば不動産分の借金２０００万円だけを債権者に返済することで、２０００万円の不動産を相続できます。

要するに、単純承認なら５０００万円の現金が必要ですが、限定承認なら２０００万円の現金を用意すれば不動産を相続できるのです。

利用する場面としては、

・どうしても手放したくない財産や形見がある場合

・債務超過をしているかどうかはっきりしない場合

・家業の取引先との関係上、ある程度（全額は無理）の借金は引き継がなければならない場合

などが考えられます。

この限定承認も、相続放棄と同様に相続人であることを知ったときから3カ月以内に必要書類をそろえて、家庭裁判所に申述しなければなりません（民法第915条）。

しかし、相続放棄と違ってすべての相続財産を放棄するわけではないので、たとえ多額の借金が残っていたとしても、非上場株式だけ相続することも可能です。もし、非上場株式分の借金が返済可能で、なおかつ非上場株式の相続税も納税できるのであれば、限定承認は一考すべきです。その理由は第3章で詳しく説明しますが、非上場株式はある方法によって、相続税の何倍もの価格で売却できる可能性が高いからです。

限定承認は手続きが複雑なためあまり一般的とはいえませんが、知っておいて損はありません。

第3章

非上場株式を換金する方法とその仕組み

一般的な譲渡制限株式の売却方法

少数株主が保有している非上場株式のほとんどは、おそらく譲渡制限株式です。そして、譲渡制限株式の売却は非常に困難です。

仮に売却を考えて、買主として最初に頭に浮かぶのは株式を発行した会社かと思います。しかし、その会社に打診して「買取できません」と言われればそこでおしまいです。株主に会社への買取請求権はありません。ですから買取をお願いして断られてしまったら、話はそこで終了してしまうのです。

とはいえ、会社に買い取ってもらう以外に譲渡制限株式を現金化する方法がたった一つだけあります。それは、第三者の買主を自分で見つけてくることです。自分で譲渡制限株式の買主を見つければ、そのあとは次のような流れで手続きが進みます。

1. 株式譲渡の承認請求

譲渡制限株式の売買を成立させるには、原則として取締役会または株主総会の承認が必要です。そのため会社に対して株式譲渡の承認請求を書面で行います。請求を行うのは株式を売る側と買う側のどちらでもかまいません。ただし、買う側が行う場合は、売る側と共同で行うことになっています。

2．取締役会または株主総会の承認

株式譲渡を承認するか否かを取締役会または株主総会で決定します。定款で取締役会を設置しないことになっている場合は、大株主だけで決めることも可能です（会社法第139条）。

3．株式譲渡承認の通知

会社は請求されたら2週間以内に承認の可否を株主に通知しなければなりません。もしも通知を行わなければ「みなし承認」として承認されたことになります。

4．株式譲渡契約の締結
株式譲渡が承認されれば、売る側と買う側で株式譲渡契約を締結します。

5．株式名義の書き換え請求
契約を結んだら、売る側と買う側の共同で、会社に対して株式名義の書き換え請求をします。

6．株主名簿記載事項の証明書交付を請求
新しい株主は、その存在を証明するために、会社に対して株主名簿記載事項の証明書の交付を請求することも可能です（左ページ参照）。

このような流れで譲渡制限株式の売買は成立します。
しかし、前述のように譲渡制限株式を発行する会社のほとんどは、譲渡を承認しません。見ず知らずの株主を認めてしまえば、見られたくない会社の裏側を探られ

令和　年　月　日

殿

会社実印

東京都○区○○丁目○○番○○号
○　○　株　式　会　社
代表取締役　○　○　○　○

株主名簿記載事項証明書

令和　年　月　日現在の当社株主名簿に、下記の事項が掲載されていることを会社法第１２２条の規定により証明いたします。

記

住　　所	
氏　　名	
株式の種類及び数	普通株式　　　　株
株式を取得した日	令和　年　月　日

以上

たり、場合によっては乗っ取られたりしてしまうかもしれないからです。また、その第三者は素性のよく分からない人間かもしれません。そんな人間を株主に迎えたら、大変な事態になってしまいます。

では、承認されなければどうなるのでしょうか。

譲渡制限株式の譲渡を承認しない場合、会社が取る方法は二つあります。一つは会社が買い取る方法。そしてもう一つは会社が買主を指名する方法です。後者の買主は会社の代表者を含めた個人でも法人でもかまいません。

したがって、株式譲渡の承認請求さえすれば誰かしらに株式を売却できる可能性があります。

譲渡制限株式の買主が見つからない理由

ところが、それで一件落着とはいかないのが現実です。実は株式譲渡の承認請求という制度には、大きな問題が存在します。

それは、そもそも買主を見つけることが非常に難しいということです。譲渡制限株式を発行する会社のほとんどは同族会社です。親族同士で仲良くしている場に好き好んで乗り込んでいく人がいるでしょうか。

仮になんらかの理由で赤の他人が株主になったとします。そして数年後、自分が株式を売却したくなったらどうなるでしょう。また株式譲渡の承認請求という壁が立ちはだかります。その結果、大枚をはたいて購入した株式が塩漬け状態に……。

このようなリスクを冒してまで株主になろうという人は、日本中探してもほとんどいません。

いるとすれば、買い取った金額よりも高く会社へ売れる見込みがあるとき、つまり利益が得られると確信している人が現れれば、手を挙げてくれる場合もあるでしょう。

しかし、高く売るには会社と価格交渉をしなければなりません。交渉は株式を買い取った売主が行うことも可能ですが、多くの場合、会社側は弁護士を立ててきます。素人である売主が太刀打ちできるわけがありません。「ならばこちらも弁護士を」

となればいいのですが、費用の関係上現実的ではないといえます。

一方で株式を買い取る予定の買主が価格交渉を行うことも可能です。しかし、売主と買主の間で売買契約が済む前に交渉を行ってしまうと、弁護士法第72条違反の非弁行為に該当し、不法行為となってしまいます。

したがって、交渉を行うのは売買契約が済んでからです。これは自分が買った金額よりも高く買い取ってもらえるかどうか分からない状態での契約締結を意味します。やはり、そこまでして非上場株式を買い取る人はなかなかいないでしょう。

要するに、譲渡制限株式を売却する方法は存在するものの、それを実行するのはほとんど不可能というのが実状です。

全国どこの非上場株式でも買取可能なサービス

譲渡制限株式を含むほとんどの非上場株式は、第三者の買主さえ見つけてくれれば価格はさておき現金化することが可能です。

ところがその買主がなかなか見つかりません。これが非上場株式売却の最大のネックといえます。

最近はネットオークションやフリマアプリなど、インターネットサービスを利用すればありとあらゆるものの売買が可能です。野山に行けばタダでいくらでも拾える松ぼっくりやどんぐりでさえも買い手がつくのです。

一方で非上場株式は、創業者がお金と手間と時間をかけて一生懸命成長させてきたにもかかわらず、誰も買おうとはしてくれません。なぜなら買ってもメリットがないからです。

その証拠に、ネットで「非上場株式　買取」といった検索ワードを入力しても、売却のノウハウは出てくるものの、買取業者はほとんど見つからないはずです。

しかしながら、極少数ではありますが非上場株式の買取を専門とする組織も存在します。私たちの「株式買取相談センター」もその一つです。

これまで本書では、何度も「非上場株式は買い取ってもメリットがない」と書いてきました。それなのに、なぜ私たちは買取サービスを行っているのでしょうか。

その答えは、困っている少数株主が保有する株式の現金化は、モノやサービスが購入可能となることで喜ばれると同時にオーナー社長側にも喜ばれ、日本経済の発展にも貢献できるからです。私たちのような非上場会社の経営コンサルティングを1000件以上こなしてきた人間であれば、全国どこの非上場会社の株式であっても対応するためのノウハウが豊富にあります。

その一方で、非上場株式を持て余して困っている人がいます。そのような人たちのなかには、第1章の実例のように親族である大株主との人間関係が破綻しているケースも少なくありません。

ならば、なんのしがらみもなく堂々と交渉できる私たちが現金化のノウハウを使わない手はありません。そのままでは未来永劫《えいごう》〝ただの紙切れ〟としてしか扱われない非上場株式に、大きな価値を付けることができるのです。

また、もし仮に非上場株式を買い取ったあとで利益を上げられなくても、株主として会社側に利益向上への提言をしたり、会社側からの依頼があれば経営コンサルタントや社外取締役として発行会社の経営に携わったりすることができます。

日本の非上場会社のほとんどは同族会社です。したがって、その経営内容はブラックボックスといっていいでしょう。それでは従業員のため、ひいては日本経済のためにはなりません。ですから私たちが株主として会社の問題点を指摘して改善案を提言したり、非上場会社の経営コンサルタントや社外取締役になったりすることは、決して無駄にはならないのです。

買取価格の根拠となる株価の評価方法

ここからは、非上場株式を買い取る流れについて説明していきます。

しかしその前に、私たちが買い取る非上場株式を査定する「評価方法」について理解しておいてください。この方法は第4章で紹介する、裁判事例の内容を理解するうえでも非常に重要です。

当然のことながら、私たちがご提案する非上場株式の買取価格には根拠があります。その根拠は、次のような株式評価方法を最適に組み合わせることで得られます。

この評価方法のなかには第2章で出てきたものもありますが、復習も兼ねて再度確認していきます。

まず、株式の評価方法には大きく分けて「ネットアセット・アプローチ」「インカム・アプローチ」「マーケット・アプローチ」の三つがあります。それぞれに長所と短所があり、それらを踏まえて各事案の背景などを総合的に勘案し、最も適した評価方法を選択していきます。

1．ネットアセット・アプローチ

会社の財産価値を個別に評価し、その合計を用いて株式の価値を評価する方法です。主なものに簿価純資産価額方式と時価純資産価額方式がありますが、通常は時価純資産価額方式を用います。この方法によって算出された評価額は、会社の評価時点での価値を示します。貸借対照表（BS）を基に算定されるため、専門家以外でも理解しやすいという特徴があります。また、不動産や株式を所有する会社ならば、その含み益や含み損（値上がりや値下がりによって生じる帳簿には現れない利益や損失）も考慮されるので、ある意味会社の解散価値ともいえます。

すなわち、現時点で会社を解散するとなれば、借入金等の負債を支払い、換価できる資産を現金に換えて、残った財産を株数に応じて株主に分配する金額となるのです。

また、簿価純資産価額方式なら、貸借対照表（ＢＳ）の純資産を株数で割り算すれば、一株当たりの株価が計算できるので、その株価に株数を掛け算すれば、所有株価を把握することができます。

短所としては、継続して活動し続けることが前提の会社において、将来の利益や成長が考慮されないという点があります。

・簿価純資産価額方式
・時価純資産価額方式

純資産価額方式については第2章でも説明しましたが、「今、株式会社を解散させたらいくらもらえるか」を算出する方法です。これは、貸借対照表（ＢＳ）の純資産価額（資本金＋内部留保）に持株比率を掛けた数字に近い金額になります。

例えば持株比率が10％で、純資産価額が3億円なら、株式の評価額は3億円×10％＝3000万円です。

「近い」というのは、実際に解散するときには会社が所有する不動産などを売却するため、その購入金額と現在の評価額にズレが生じることが多いからです。極端な例でいうと、バブル期に買った土地の値段と現在の値段は大きく違うはずです。そのため解散時には、そのズレに応じて株価も調整されます。

2．インカム・アプローチ

将来獲得できると予測されるリターン（利益など）を現在の価値に還元評価して株式を評価する方法です。主なものに「DCF法（ディスカウントキャッシュフロー法）」「収益還元方式」「配当還元方式」などがあります。これらは、継続的または将来性のある事業を評価するという点においては、最も優れた方法といえます。一方で算出過程に将来の予測という不確定要素が入るため、客観性に欠けるという見方もできます。

・ＤＣＦ法

仮に現在の純資産額が１０００万円の会社があったとします。その会社は急成長をしており、10年後の純資産額は5倍になりそうです。この場合、純資産価額方式で株式を算出するのは適切とはいえないでしょう。だからといって、単純に純資産額を５０００万円にして算出するのも強引です。確実に業績が伸びる保証はなく、それどころか数年後にその会社が存在しているのかさえ、誰にも分からないからです。

そこでＤＣＦ法では、将来の成長が見込める会社の株式に対して、純資産価額方式による評価にその伸びしろを上乗せして（予想の純資産額からいくらか差し引いて）算出します。この算出方法は非常に複雑ですが、公認会計士に依頼すれば一定の金額が出てきます。この方法は、株価を高く評価してほしい売る側が利用する傾向があります（理論的に優れてはいますが、将来キャッシュフローの見積もりおよび割引率の選定に主観が伴うという短所があります）。

・収益還元方式

将来獲得すると予想される1年分の税引後利益を資本還元率という特殊な数値で還元して株価を算定する方法です。ＤＣＦ法の簡易版ともいえる方法で、比較的簡単に利用できる株価算定方法ですが、ＤＣＦ法よりは株価算定の精度が落ちます。

・配当還元方式

配当還元方式とは本来は別の計算式があるのですが、簡単にいってしまうと10年分の配当金を株式の評価額とする方法です。非常に簡単な算出方法ですが、ほかの方法に比べると評価額が低くなる傾向があります。なぜなら非上場会社の場合、「経営者＝大株主」などの意向によって、利益があっても配当金を支払わない場合や利益に比例せず少ない配当金を支払っていることがあるからです。そのためこの方法は、できるだけ安く評価したい買う側が利用する傾向があります。

3．マーケット・アプローチ

類似の業種の上場会社の株式市場での評価を利用して、非上場会社の株価を評価する方法です。主なものに「類似業種比準方式」や「類似取引比較法」などがあります。両方とも比較する会社が見つかりにくいという欠点があり、実際に利用されることはあまりありません。

・類似業種比準方式

相続した株式の発行会社と同じ業種の上場会社の株価を基とする算出方法です。同じ業種の上場会社には、当然ながら公開されている株価があります。そこでその上場会社の配当金や利益、純資産などを勘案し、対象とする非上場株式の評価額を算出するのです。例えば「配当金、利益、純資産の規模が比較する上場会社の2分の1程度なら株式の評価額も2分の1にする」ということです。

とはいえ、会社の経営状況というのは千差万別なので、誰もが納得できる比較対象の上場会社を見つけるのは困難というのが現状です。

・類似取引比較法

過去の類似する複数のM&A取引（企業合併・買収）を基準に、株価を算定します。比較的客観性の高い評価方法といえますが、わが国ではM&Aの情報整備が進んでいないことから採用するのは難しい状況です。

以上が、私たちが利用する株式の評価方法です。しかし、これらの方法の一つを用いてクライアントに提案したり、発行会社との株価決定の裁判に臨んだりすることはほとんどありません。各評価方法にはそれぞれメリット・デメリットがあるので、一つの方法だけを選択してしまうと、デメリットがメリットを上回ってしまう可能性があるからです。

そのため多くの場合、複数の方法を併用するようにしています。併用する場合は、「DCF法を60%、純資産価額方式を40%」といった割合を明確に判断する根拠はどこにも存在しません。それでも私たちは、長年の経験と公認会計士や税理士など専門家の協力によって、クライアントが納得できる株価を算出するよう努力をしています。

非上場株式を現金化するまでの流れ

さて、株価の評価方法が理解できたら、いよいよこの書籍の本題に入ります。私たちの業務を例に、どうすれば非上場株式が現金化できるのか、そしてその先どうやって私たちは利益を上げているのかについて、順を追って説明していきましょう。

1．株式買取相談センターを検索し、電話またはホームページから問い合わせホームページのフォームに、相談者の氏名、連絡先のほか株式発行会社の年商などを記入します。その後、こちらから連絡をします。非上場株式買取に向けて具体的に話を進めたいとなれば、面談日程を決めます。その際に、こちらから申込書を送付します。申込書には相談者や会社情報などのほか、保有株式数や株式取得の経緯、発行会社側と今までどのような交渉を行ったか、などを記入します。

2．面談

申込書と株主総会の資料を持参して面談を行い、現金化の方法を検討します。株主総会の資料には貸借対照表（BS）や損益計算書（PL）などが含まれているので、経営状態を知るには必須となります。もし手元にない場合は、株式発行会社へ請求して郵送してもらいます。また、面談時には「いくらで売りたいか」もお聞きします。これまでの経験では、相続税評価額・納税額以上または配当還元方式による評価額という希望が増えています。

3．株式の価値を査定

面談後はお預かりした資料等を基に社内で株価算定調査を実施し、案件によっては提携する公認会計士が株価の査定を行います。

4．買取価格を提案

株価査定の結果に基づき、買取価格の提案をします。

5. 株式売買契約を締結

提案した買取価格で合意ができれば、株式売買契約を締結します。

契約手続きの方法としては、まず株券が発行されている場合は株券を持参します。ない場合は株主名簿または株主名簿記載事項の証明書が必要になります。これらもない場合は、本章の最初の項で説明したように、株式の発行会社へ株主名簿記載事項の証明書の交付を請求し、事前に入手しておきます。

これらの書類のいずれかがあれば、あとは我々が用意する契約書に署名捺印《なついん》するだけで終了です。契約を締結すれば、指定日に現金を指定口座に振り込みます。

契約手続きは、基本的に株主本人でなければできません。仮に病気などで外出できない場合は、自宅で契約書に署名捺印して必要書類と併せて郵送することも可能です。

ただし、認知症などを患っている場合は、手続きが非常に困難になります。寝たきりになっている状態でも本人の意思確認がはっきりできれば契約は可能ですが、意思確認ができない場合は、成年後見人制度を利用することになります（法定後見人の換価は、原則不可です）。

この制度は成年後見人が本人に代わって財産管理や介護施設への入所契約などを行うものです。成年後見人には、親族のほか弁護士、司法書士、社会福祉士などがなることができます。成年後見人の申し立ては、裁判所に対して行い、そこで後見人の候補者が適任か否かを審理します。選任までの期間はケースバイケースですが、目安としては1～2カ月です。

このように、意思確認ができない状態になってからの株式売買契約はかなり手間がかかりかつ困難なので、高齢者の株主の場合は特に早めに行動しておくべきです。

以上のような流れで、非上場株式を現金化することができます。

ここで「譲渡制限株式だと発行会社の承認がいるのでは？」と思われるかもしれませんが、その必要はありません。承認は「この人に売りますがいいですか」という形でも、「もうこの人に売却しました。承諾するか否かは買主に伝えてください」という形でも、どちらでもいいことになっています。したがって、後者を選択すれば一切発行会社と交渉することなく、お荷物だった非上場株式を売却できるのです。私たちの買取サービスはその後者の方法です。買取後の交渉事はすべて私たちで受け持つので、たとえ会社側との関係がこじれている状態でも安心して売却することができます。

しかも、発行会社が主張する「1株1円」といった経営者の気分次第の安値ではなく、前項で説明したしっかりとした根拠に基づく方法によって株価を評価するので、ほとんどの場合「本当にいいんですか⁉」と言われるくらいの高値で買い取ります。

売却後の非上場株式はどうなるのか？

一般的には買い取る人がいないため、ほとんど無価値として扱われる非上場株式。読者の方の中には「そんなものを買い取って一体どうするのか」と思う人もいるでしょう。

確かに私たちが買い取った非上場株式は、クライアントと売買契約を締結した時点ではどのくらいの価値があるのか確定されているわけではありません。つまり何もしなければ、クライアントが持っていたときと同様お荷物となってしまいます。しかし、私たちはこれから説明する株券なし・ありの二種類の手順で買い取った非上場株式に、新たな価値を生み出します。

ちなみに「株式に株券はつきもの」と思っている人が多いのですが、実際には旧商法時代から譲渡制限を設置している会社は、株主からの発券請求がない限り株券発行義務はありませんでした。そして、2006年5月に旧商法に代わる新会社法が施行され、株券は原則として不発行とされました。

その理由には「これまでも中小企業に関しては株券を発行していないことが多かった」「株券発行にはコストがかかる」「株券があると盗難や紛失の心配が生じる」といったことが挙げられます。そのため、私たちに株式買取を依頼してくるクライアントの約8割は株券がありません。

●株券なしの場合

1．株式発行会社の取締役会で株式譲渡が不承認となる

もし、買取請求を受けてから2週間以内に会社もしくは指定買取人が買い取る旨を通知しなければ、譲渡を承認したとみなされます。

2．発行会社の株主総会で対象株式を買い取る旨の決議が承認される

繰り返しますが、ほとんどの非上場会社は第三者の株主を嫌がります。その結果、買い取りの決議が承認されることになるのです。

3．発行会社から買取の通知が来る

発行会社が買い取る場合は、譲渡不承認の通知から40日以内に買い取る旨と供託書類を一緒に通知してきます。供託とは国家機関である法務局の供託所にお金を預けることで買い取りの意思表示をする制度です。供託金は会社法に規定があり、株主総会で承認された決算書の「純資産額÷発行株式数×持株」となっています。こ

の金額が買取価格というわけではありません。

指定買取人が買い取る場合は、譲渡の不承認通知から10日以内に買い取りの旨と供託書類を一緒に通知してきます。

4．発行会社または指定買取人が提示する買取価格に不服がある場合は、買取価格について相手方と協議を行う

多くの場合、最初に提示された価格で協議が成立することはありません。そこで協議を複数回行います。

5．協議が不調に終わった場合は、相手側からの通知を受けてから20日以内に裁判所へ「株式売買価格決定申立」をする

申し立てを行うのは、相手方または我々のどちらかになります。

6．裁判所で審問期日を重ねたうえで、最終価格が決定する

多くの場合裁判所は、和解を勧めてきます。和解が成立すれば非訟事件は終了です。和解が成立しなければ、裁判所は、双方に利害関係のない公認会計士を専門委員として選任し、双方の主張する株価に対して助言し、歩み寄りを促します。しかし、それでも双方の主張に乖離《かいり》があり、歩み寄りが困難と判断した場合は、鑑定人を指名して、適正価格を鑑定し、最終価格を決定します。鑑定費用は発行会社の規模によりますが、大規模な場合は100万円を超えることもあります。その費用は発行会社と私たちの折半になります。

以上の手順で、私たちは非上場株式の最大価値を引き出したうえで売却します。ちなみに、譲渡が承認された場合の手順は以下のとおりです。

1. 株式発行会社の取締役会で株式譲渡が承認される

2. 株式名義書換手続きをして、株主名簿を入手するその後33〜35ページ記載の株主権を行使して会社の状況把握をし、会社が発展するように株主提案を行います。そして、配当性向を上場企業の平均値である約40％に引き上げるように行動します。

配当性向とは、その期の純利益（税引後利益）のなかから、配当金をどのくらい支払っているかをパーセンテージで表したものです。つまり、会社が1年間で儲けたお金からどれだけ配当金として株主に還元しているかは、配当性向を見ることで分かります。配当性向は投資を行う際に企業を評価する指標の一つです。

●株券ありの場合

1．株式発行会社の取締役会で株式譲渡が不承認となる

内容は株券なしの場合と同じです。

2．発行会社の株主総会で対象株式を買い取る旨の決議が承認される

内容は株券なしの場合と同じです。

3. 発行会社から買取の通知が来る

株券なしとの主な違いはこの部分です。発行会社または指定買取人は譲渡不承認の通知から1週間以内に供託を行い、その旨を相手方に通知しなければなりません。また、「株券」「供託書正本」「供託有価証券寄託書」「供託有価証券受託書」を日本銀行の管轄店に納入します。

4. 発行会社または指定買取人が提示する買取価格に不服がある場合は、買取価格について相手方と協議を行う

内容は株券なしの場合と同じです。

5. 協議が不調に終わった場合は、相手側からの通知を受けてから20日以内に裁判所へ「株式売買価格決定申立」をする

内容は株券なしの場合と同じです。

6．裁判所で審問期日を重ねたうえで、最終価格が決定する

内容は株券なしの場合と同じです。

以上の手順で、私たちは非上場株式の最大価値を引き出したうえで売却します。

譲渡が承認された場合の手順は以下のとおりです。

1．株式発行会社の取締役会で株式譲渡が承認される

2．株式名義書換手続きをして、株主名簿を入手する

その後33～35ページ記載の株主権を行使して会社の状況把握をし、会社が発展するように株主提案を行います。そして、配当性向を上場企業の平均値である約40％に引き上げるように行動します。

配当性向とは、その期の純利益（税引後利益）のなかから、配当金をどのくらい

支払っているかをパーセンテージで表したものです。配当性向は投資を行う際に企業を評価する指標の一つです。つまり、会社が1年間で儲けたお金からどれだけ配当金として株主に還元しているかは、配当性向を見ることで分かります。

なぜ今までこの買取サービスがなかったのか

非上場株式買取サービスにおいて最も大きな懸念材料となるのが、その価格が確定するのは当事者間の合意か裁判所へ申立をし、和解または決定したあとだということです。

つまり、クライアントから買い取った時点ではいくらになるのか誰にも分からないのです。

もちろん裁判の結果、買取価格を下回ることも十分あり得ます。私たちはこのような大きなリスクを背負って買取業務を行っています。

このリスクに立ち向かうには、裁判時に相手方のどんな優秀な弁護士にも負けない理論武装をしなければなりません。前項では裁判による売却の手順を簡単に書きましたが、その期間は短くて半年、長ければ1年以上にもおよびます。

そのような非上場株式に関する専門的な交渉術を身につけている専門家は稀《まれ》だと思います。ですから私たちがおそらく日本では数少ない非上場株式買取サービス会社なのです。

ちなみに、裁判に至る前に株式発行会社が株式譲渡を承認し、あっさり私たちを株主として迎え入れる可能性もあります。そうなれば、投資資金回収は、所有株式に対する配当を長期間で受け取る道か、買取先を探す道となるため、投資資金を寝かすだけの財務体力が必要です。

私たちはその場合、株主の権限を行使し、会社の現状を把握します。経営者に公私混同や、経営者の資産管理会社などに経費流用のような私腹を肥やす行為があれば厳しく追及します。場合によっては株主代表訴訟を提起し、役員が会社に与えた損害を個人で会社に賠償するよう行動します。

さらに、著しくコンプライアンス違反があり、巨額の損害を会社に与えていれば、特別背任罪での告訴も行い、経営のガバナンスとコンプライアンスを適切に実施する経営陣に経営を担っていただけるように行動します。

また、積極的に株主提案を行うと同時に、株主の皆さまにも会社発展による配当増加に対する賛同を得る運動を実施します。そうすれば同族で馴《な》れ合いとなった組織に刺激を与え、利益向上に貢献できるからです。まさに経営コンサルタントの本領発揮です。

私たちが株式を買い取ることにより、今までは単なる紙切れでしかなかった株券が現金となります。そして現金を受領した少数株主の方はモノやサービスを買われたり、子どもや孫の学費や海外留学の資金援助にあてたり、マイホーム取得のサポートを実施されたりと、その使い道はさまざまです。私たちの株式買取ビジネスはある意味、日本経済活性化の一翼を担える意義あるビジネスだと確信しています。

第4章

非上場会社の株式換金におけるメリットと注意点

一般的な換金方法の10倍以上の現金が手に入る可能性

この章では、本書で紹介する非上場株式換金のメリットを整理したいと思います。

まず、最も大きなメリットは、なんといっても今までお荷物でしかなかった非上場株式が比較的簡単に換金できるということです。しかも、その売却価格は一般的な換金方法である発行会社への売却の、10倍以上になることもあります。

実際に、私たちはクライアントが会社から「5000円なら買い取る」と言われていた株式を、5000万円（1万倍）に換金した実績もあります。その過程はこのようなものでした。

「当初提示された買取額の1万倍!?　買取サービス最大のメリットは高価買取だ！」

Dさん　50歳　男性　IT関連会社の経営者

非上場株式を保有した理由は、事業パートナー会社であったS不動産の経営が不安定になったことから、株式の50%を入手し、再建を試みるためでした。

最初に着手したのは経営者の交代です。当時の経営者であるS氏は、もともと大学からの友人でした。新卒で入社した会社は違ったものの、その後も定期的に酒を酌み交わし、脱サラというお互いの夢を語り合う仲でした。

そして二人とも30代後半で独立。両者とも最初の2~3年は苦労したものの、やがて軌道に乗り、40代半ばになるとほとんどお金に困らないようになりました。

特にS氏には勢いがありました。購入した物件のどれもが高額で売れるという状況が数年続いたのです。その広告部門を請け負ったのが私の会社でした。

ところがS氏は次第に変わっていきました。出社する頻度が減り、業務はほとんど素人の奥さん任せ。そのうえ、たまに出社したと思えばお酒くさい。どうやら毎晩高級クラブで飲み歩いているようでした。しかもそれだけではなく、競馬にものめり込んでいる様子。いわゆる「飲む・打つ」の限りを尽くしていたのです。そして私の会社への支払いも滞っていきました。

そこで私は激怒。株式の50％を入手し、S氏を会社から追い出したのです。これで安心と思っていたら、さにあらず。S氏の奥さんの推薦で外から引っ張ってきた敏腕営業マンを社長に据えたところ、営業センスはピカイチでしたが、経営はまったくできない人だったのです。

私への株式の配当金はない、決算報告もないという状況。持株比率50％の大株主をまったく放置してしまったのでした。

これで私はついにさじを投げてしまいます。「もうS不動産とは縁を切る！」そう言って株式を買い取るよう迫ったのでした。私の保有する株式は5000株、買取希望価格は5000万円。この金額の根拠は、配当金がないので配当還元方式ではありません。単純に今まで貯《た》まった私の会社への売掛金と会社の価値を私なりに考えて出した金額です。

ところが新しい社長はこう言い切りました。

「1株あたり1円。合計5000円なら買い取ります」

この金額を聞き、唖然《あぜん》とした私は猛烈な抗議をしました。今までどれだけS

不動産に尽くしてきたか、そして裏切られてきたか。
しかし新しい経営者は「今はお金がない」とまったく聞く耳を持ちません。
とうとう私は直接交渉に疲れてしまいました。そしてさまざまなツテを使い、株式買取相談センターにたどり着いたのです――。

私たちはこれまでの経緯のほか、保有株式数や株式買取希望価格など詳細なヒアリングと、貸借対照表（ＢＳ）や損益計算書（ＰＬ）といった株主総会の資料確認を行いました。

Ｄさんの保有株式数は５０００株で持株比率は50％。買取希望価格は５０００万円。

果たして５０００万円で買い取ってもいいものだろうか――。

私たちはＳ不動産の分析に着手しました。その過程で分かってきたのは、Ｓ不動産の財務状況は決して悪くないということでした。当時の売上高は12億円、営業利益5000万円、経常利益も3000万円あります。また、営業力のある新しい社長が賃貸経営にも乗り出して、最近は比較的利回りの高い収益物件を複数入手している様子。つまり将来も有望です。

これなら5000万円支払う価値がある――。そう判断してDさんの希望価格で買い取ることにしました。発行会社の言い値の1万倍の値段で買い取ったのです。

5000円といわれている株式を5000万円で買い取る。読者の中には「なんてバカなことを」と思う人もいるかもしれません。しかし、私たちには5000万円以上の価値を生み出す確固たる自信がありました。ここからは、私たちがどのようにしてその価値を生み出したかについて解説していきます。

正当な価値を生み出すそのノウハウとは

株式を買い取ったあと、私たちが株式譲渡の承認請求を行うと、回答は案の定不承認でした。自社で株式を買い取るというのです。

ここからが、交渉スタートです。

先方の弁護士が最初に提示してきた買取価格は……？

やはり、5000円でした。Dさんが直接交渉した際は、相手が素人のため5000円と提示したのかと思っていましたが、経営コンサルタントの私が交渉しても同じ価格。長年多種多様な交渉をこなしてきた私も、この金額が記載された書類を見たときは、さすがに自分の目を疑いました。

「いくらなんでも安すぎる。相手の弁護士も素人か？」

そんな疑念も浮かびましたが、先方は大まじめでした。言い分はこうです。

「貸借対照表上は9200万円の純資産が存在する。しかし、実質的に見れば貸倒損失があり、債務超過の状態である。したがって株価は1株あたり1円となる」

実は前経営者のS氏が「飲む・打つ」でつくった借金を会社が肩代わりしていたのです。一般のサラリーマンであれば「そんなバカな！　遊ぶ金を会社が出すわけないだろう！」と思うでしょう。

しかし金額の大小こそありますが、このような例は決して少なくはありません。

多くの非上場会社、特に同族会社の経営者にとって「会社の金は俺の金」なのです。しかし従業員がいて、その家族もいる会社は、決して経営者個人のものではありません。この点も私がこの事業を通じて、痛烈に「なんとかしなければならない！」と感じているところです。

S氏が会社から借りていた額は９２００万円。無職となったS氏に、返すあてはもちろんありません。そのため会社としては貸倒損失として処理し、純資産はなんと０円になっていたのでした。

とはいえ、S不動産の事業自体は順調です。５年後も10年後も純資産０円ということはないでしょう。

私はそのことを主張しましたが、先方は妥協する姿勢を見せません。そのうえで裁判を申し立ててきました。先方の主張はこうです。

「DCF法による本件株式の評価は１株あたり１円である。純資産価額方式による評価でも１株あたり１円である」

裁判前とまったく同じ内容です。確かに今現在の資産は０円なのですから、純資産価額方式では1円になるでしょう。しかしDCF法での算出結果は、明らかにおかしいと言わざるを得ません。会社というものは、そもそも5年後、10年後、そして100年後も存続させていくことを前提に経営するのが普通です。

そしてDCF法は、将来の成長が見込める会社の株式に対して、純資産価額方式による評価にその伸び代を上乗せする評価方法です。それで1円と評価するということは、会社自ら「わが社は今後成長することはありません」と断言しているようなものです。そんな言い分が通用するわけがありません。

そこで私たちは、S不動産が設立以来、十数年にわたって着実に成長してきたことと、最近入手した収益物件の将来性を重視し、DCF法の採用を主張。そのうえで1株あたり7万円が妥当だとしました。

持株数は5000株ですから合計3億5000万円です。高額すぎると思えるかもしれませんが、私たちは年間1億円近い利益が見込める収益物件の将来性を重視しました。一方で相手側はまったくその点を重視しなかったのです。このように、DCF法におけるストライクゾーンは、評価する人間によってかなりの差があるものなのです。

しかしながら今回の差は、あまりにも大きすぎます。いくらなんでも和解（歩み寄り）することはできません。

そのため、裁判所で鑑定人（公認会計士）を立てて適正価格を査定し、売買価格を決定してもらうことになりました。なお、この際の鑑定費用は相手側との折半です。

そして、鑑定結果は次のようになりました。

「株価算定方法として純資産価額方式とＤＣＦ法を同等の比重をもって併用する方法を用いた。純資産価額方式による１株当たりの株価は１円。ＤＣＦ法による１株当たりの株価は４万４３８５円。これらを１対１の割合で加重平均し、１株当たりの株価を２万２１９３円とする」

このＤＣＦ法から算出された株価の根拠は具体的に書類に書かれているのですが、非常に専門的であるためここでは割愛します。

とにかく鑑定人は、発行会社が１円と主張するものを２万２１９３円と評価したのです。

当然ながら相手側は反論してきました。そして私たちも「それでは安すぎる」と主張しました。しかし、最終的な判断は裁判所に委ねるのがルールです。

そして出た結論は、1株当たりの株価2万2193円でした。鑑定人の評価がそのまま採用されたのです。

この結論に至るまで18カ月を費やすことになりました。私たちとしては100点満点の結果ではありませんでしたが、全力を尽くすことで約1億1000万円を勝ち取ることができたのです。

このように、私たちの提案する買取サービスの最大のメリットは高価買取です。今回の事例のように発行会社の1万倍で買い取ることは稀ですが、10倍程度なら決して珍しくはありません。もちろん相続税の納税額なども考慮し、できる限りマイナスにならないように査定します。

なお、このケースは50％の議決権を所有しており、そのため鑑定結果も高額になりましたが、議決権比率が低いと配当還元法の評価と併用になり、低い株価評価となることもあり得ます。

2倍以上の節税効果も

高価買取に次ぐメリットとしては、節税効果があります。第2章で相続税の税率は最大で55％と書きました。「子どもにそんな多額の相続税を納めさせるわけにはいかない」と、終活として非上場株式の売却を考える人もいるでしょう。

しかし、一般的な方法である発行会社へ売却する場合、その売却益は「みなし配当」として課税対象になります。みなし配当は本来の配当とは違いますが、会社から株主へ利益が分配されたとみなされるのです。つまり、給与などほかの所得と合算して課税されます（総合課税）。

その税率の上限は所得税45％、住民税10％の合計55％です（図表4にプラスして、住民税が一律10％加算されます）。

これでは相続税と納税額は同じになってしまいます。

また、仮に子どもが相続して相続税を納めたあとに発行会社へ売却した場合も、その売却益は同様にみなし配当とされて総合課税の対象となり、再度上限55％の税

図表4　所得税の速算表

課税される所得金額（千円未満切り捨て）	税率
195万円未満	5%
195万円以上～330万円未満	10%
330万円以上～695万円未満	20%
695万円以上～900万円未満	23%
900万円以上～1,800万円未満	33%
1,800万円以上～4,000万円未満	40%
4,000万円以上	45%

※別途、上記で計算した金額の2.1%の復興特別所得税が徴収される。

国税庁「所得税の税率」を基に作成

金を納めなければなりません。非上場株式に対して2度も課税されるのです（3年以内は特例あり）。

総合課税は、非上場株式の課税評価額だけでなくすべての所得が合算されるので、ほかの収入が多い人ほど税率が上がっていきます。そのため、特に高収入の人は負担が大きくなります。

誰もができれば税率を低くしたいと考えるでしょう。そこで検討したいのが、株式発行会社以外の法人への売却です。この場合の売却益の税率は、通常の上場株式と同様の「株式譲渡税（所得税15％＋住民税5％）20％＋復興特別所得税0・315％＝20・315％」になります。しかも総合課税ではなく分離課税なので、ほかにいくら多くの収入があっても一律の税率です。

非上場株式を発行会社に売却すれば税率の上限は55％。一方でほかの法人へ売却すれば一律で20・315％。2倍以上の差です。この大きな節税効果を比較的容易に得られるのが、私たちが提案する買取サービスなのです。

個人が非上場株式を売却する際の注意点

参考までに、個人が非上場株式を売却する際の注意点を紹介しておきます。

・みなし譲渡所得課税

個人から法人へ明らかに安価（無償含む）で株式を売却すると、その売主にはみなし譲渡として所得税が課税されます。

この税金の存在理由は「親から子の会社へ株式を贈与（無償）」といった課税逃れの防止です。個人から法人へ株式を贈与した場合、お金のやり取りがないので所得は発生しません。そのため、実際の時価が高いにもかかわらず贈与すれば、本来負担すべき所得税の納税を回避することができます。

このような課税逃れが行われないように、税法上は資産を時価で譲渡したとみなして課税されるのです。

・みなし贈与課税

個人が適正価格よりも極端に低い価格で株式を取得すると、その利益分に対して課税されます。これがみなし贈与課税です。

例えば、時価1000万円の株式を300万円で取得した場合、700万円の利益を得たことになります。この700万円に対して課税されてしまうのです。

このように非上場株式の売買に対する税制は、非常に複雑な仕組みになっています。素人が「子どものため」といった考えで行動してしまうと、あとで取り返しのつかないことになるかもしれません。できるだけ早めに専門家に相談したほうがいいでしょう。

この換金方法が向かない場合もある

「簡単」「高額買取」「節税効果」。メリットだらけの非上場株式買取サービスですが、この換金方法が向かないケースもあります。それは次のような場合です。

・債務超過＋過去数年赤字経営の会社の株式

株式の価値は、発行会社の経営状態に直結しています。したがって、債務超過＋過去数年赤字経営の会社の株式の価値は、純資産価額方式でもＤＣＦ法でもゼロになってしまいます。つまり買い取ることはできません。

ただし、債務超過と過去数年赤字経営のいずれか片方ならば、買い取りが可能かもしれません。

その背景には、裁判所の株式評価方法があります。裁判所は主に（ＤＣＦ法＋純資産価額方式）÷２で株価を評価します。

これを前提として考えると、債務超過でも損益計算書（ＰＬ）の営業利益がプラスになっていれば将来の成長が見込め、そこを考慮するＤＣＦ法で株価がつく可能性があるのです。

逆に営業利益がなくても資産がプラスならば、純資産価額方式で株価がつく可能性があります。ただし、資産がプラスであっても赤字経営ならいずれマイナスになってしまうので、早めに売却してしまうのが得策です。

・発行会社の規模が小さい

たとえ黒字経営を続けていても、会社の規模が小さい場合の株価はなかなか価値がつきにくいでしょう。目安としては年商２０００万円以下の会社の株式は買い取ることができないケースが多くなっています。ただし、土地などの資産があれば検討の余地があります。

・反社会的勢力と関係がある

これはいわずもがなですが、反社会的勢力と関係がある会社の株式買取は対応することができません。

第5章

非上場会社の株式換金〜事例集〜

どん底の状態から株式換金を勝ち取った人たち

ここまで読んでいただければ、非上場株式を換金することが一般的な方法では非常に難しいこと、しかしやり方次第では、一般的な方法よりもはるかに高額で売却可能であることが理解できたのではないかと思います。

この換金ノウハウ、つまり私たちの株式買取サービスは決して〝絵に描いた餅〟ではありません。実際にたくさんの少数株主が私たちの株式買取サービスを利用することで、想定以上の大金を手にすることができています。そのなかには、小説でもあり得ないような苦労を経験されていた人もいました。

以降では、私たちが実際に携わった「株式換金の事例」について、いくつか紹介していきます。

「突然、従弟と常務に会社を追い出されてしまいました」

Eさん　66歳　男性　無職

私は5年前まで食品加工会社（E社）の社長を務めていました。創業者は私の父です。今となっては一部上場となったK社が資金難に陥ったときに、父が安価に材料を供給したことで、K社とともに成長してきました。

私は大学卒業後すぐにその会社に入社。27歳で新営業所を一人で立ち上げ、業績をどんどん伸ばしていきました。

そんな急成長を続けていたタイミングで父親が他界、そうして専務を務めていた叔父（父親の弟）が社長になりました。

叔父の性格はまじめそのもの。経営者として決して不向きではありませんが、少し融通が利かなすぎたようです。次第にK社との関係が悪化し、売上は年々減少。たった十数年で、年商60億円から半分の30億円になってしまいました。

そしてある日、叔父から「もう経営に自信がない。社長を代わってくれ」と頭を下げられたのです。叔父はそのときすでに大病を患っていました。彼のやつれきった表情を見ると、頼みを引き受けないわけにはいきませんでした。

そしてその3年後、叔父は亡くなりました。

その後私は会社のため、社員のためにそれまで以上に猛烈に働きました。そしてK社との関係も完全に修復し、5年で年商を50億円にまで戻したのです（現在は70億円）。同時に無理のないリストラを少しずつ行い、単年度黒字も達成しました。

やっと軌道に乗ってきた――。

そう感じてはいたものの、実は心には常にしこりがありました。その原因は叔父の長男であるTの存在です。

Tは私が社長になる2年前に入社してきました。彼はトップクラスの県立高校の受験に失敗したころからグレ始め、すべり止めで入った私立高校ではケンカやたばこで停学を繰り返し、大学受験も2浪。その後やっと入学できた大学は、地元の人ですら名前も知らないような学校でした。しかも3回留年し、特別試験でようやく卒業できたという始末です。そのため就職活動はうまくいかず、たとえコネでも入社試験をパスすることができなかったのでした。

そこでTの母親は、どうしてもうちの会社に入れてほしいと叔父に懇願します。当初叔父は「あんなヤツ役に立たない」と突っぱねたそうですが、家にいても遊んでばかりなので仕方なく受け入れることにしました。

とはいえ、入社したからには戦力になってもらわなければなりません。それどころか叔父もやはり父親、将来は経営者になってほしいとさえ思っていたそうです。

そこで早く仕事を覚えさせようと、あえて発注数の多い顧客の営業担当をさせたのでした。すると、非常に重大な請求金額の間違いや在庫未確認による欠品の連発といった、大きな失敗が繰り返されたのです。そのうえまったく反省することなく、遅刻も日常茶飯事。そんな勤務態度が、私が社長になって以降も続きました。

そんな時、いつも「社長、なんとかしてくださいよ！」と悲鳴を上げてくるのが、当時常務だったKでした。

彼は営業部門の責任者で、役員では最年長でした。ですから私はいつも「Tの教育担当者はKさんでしょう。私からも言っておくからKさんもしっかり教育してくださいね」とお願いしていました。

それでも一向にTの態度は改善しませんでした。約束を守らない、時間も守らない、お金にルーズ。あるときにはこんなこともありました。Tが車で営業に出かけた際、警察にスピード違反で止められたのです。ところが彼は警察官の制止を振り切り、逃走してしまいました。

営業車には社名が入っています。ですから警察はすぐに会社へやって来ました。ところが本人は戻って来ないどころか、携帯電話もつながりません。警察は仕方がないので、連絡がつき次第出頭するよう言い残して、帰っていきました。

Tが戻ってきたのは、その数時間後でした。総務部長が出頭の件を伝えると、彼は平気な様子で警察署に向かいました。

翌日どうなったのか総務部長に確認すると、Tは「現行犯でもないのにどこに証拠があるんだ。俺はほかの地域を回っていたのでその時間にそこにいるはずがない」と言い張って帰ってきたのだそうです。しかもTはこの報告をする際、平然と「俺の話術なら警察ですらどうにだってできる」と言い放っていたというのですから、驚きを通り越して恐ろしくなったほどです。

後日、この話を聞きつけた複数の管理職が「いくら将来の社長候補でも甘やかしすぎでしょう！」と、怒りをあらわに私のところへ陳情しにきました。そこで私は常務のKと相談をし、本社からほかの事業所へ転勤するように辞令を出したのです。

しかしTはまったく言うことを聞かず、本社に居座り続けました。

そして彼は、私が営業で日本全国を飛び回っている間にあることを画策していたのでした。5年前の取締役会で私は代表取締役社長の解任動議を出され、採択されてしまったのです。

裏でTと手を握っていたのは、驚くことに常務のKだったのでした。彼は普段から「Tが社長になったら会社はすぐに潰れますよ」「仕入れ先はTがいい加減な人間だと知っているので、すぐに取引を止めますよ」などと言っていたにもかかわらず、自分が社長になることと引き換えに私を裏切ったのです。

株式の持株比率は、Tとその家族、そしてKで60％を占めていました。それに対して私は家族と合わせても40％。この状態でT側から「E社長を解任する」と言われれば、どうすることもできません。私は身を切られる思いで会社を去りました。役員歴は37年、社長歴は8年でした。

しかも専務取締役となったTの、私への仕打ちは、これだけで終わりませんでした。退職金を請求したところ、株主総会で却下されたのです。

ここまでされたら黙ってはいられません。私は裁判所に申し立てをしました。しかし、結果は敗訴。持株比率60％の意見を重視するというのです。しかしその意見に根拠はありません。強いて挙げるとすれば「おっちゃん（私）にお金を渡したくないから」これに納得できる人はいないでしょう。

私は次の一手として、会社へ株式（40％・2500株）の買取を申し入れました。希望価格は1株1万円の2500万円です。30億円の年商を50億円に押し上げた経営者の退職金代わりとしては、破格の安さでしょう。

ところが会社の回答は「1株1000円なら買い取る」というものでした。私は怒りを通り越して目の前が真っ暗になりました。このままでは自分の子どもや孫に、自宅以外、何も残してやることができません。

そこで弁護士を通して調停を申し立てましたが、これも不調に終わりました。

納得できないことはまだあります。Tは私を解任するとすぐに、定款の事業目的でない太陽光発電事業を独断で始めていたのです。しかも、3年間赤字を垂れ流している状態。私は社長ではなくなったものの、持株比率40％を握る株主です。ですから株主総会で、そのことに関する資料を請求しました。ところがまったく出てきません。説明を求めてもしない。それどころか社長になったKは、突然私に激昂《げっこう》し「いい加減にしろ！」と怒鳴ってきたのです。

こんな状態の会社ですから、あと何年持つかも分かりません。とにかく早く株式を換金したいと探し当てたのが、株式買取相談センターでした。

株式買取相談センターには、貸借対照表（BS）と損益計算書（PL）を持参するよう言われました。面談ではそれらの資料を渡し、事の経緯と希望売却金額が1株1万円であることを伝えました。会社から提示された金額の10倍なので無理は承知でしたが、それくらいはもらわないと納得ができません。株式買取相談センターは、株価査定のために少し時間が欲しいとのことでした。

待ったのは1カ月半くらいだったと思います。査定の結果は、私の希望どおりの1株1万円（＝2500万円）で買い取るという回答でした。

やることなすことめちゃくちゃだったTに会社を追い出されて丸5年。本当に良いことなど皆無でした。しかしここにきてようやく明るい兆しが見えてきました。これで2人の子どもと3人の孫に、いくらかでも資産を残すことができます。

一体なぜ、株式買取相談センターは1株1万円で買い取れたのでしょう。その後の流れを見ていきましょう。

Eさんが社長を務めていたころのE社は、まさに堅実な経営をしていました。その結果、着実に業績を伸ばしていたのです。さらに経営基盤も盤石で、地元でのシェアは60％を超えていました。それゆえT氏のような甘えた存在が生まれたという側面もあります。

とにかくE社の経営は、社長がK氏に代わってから横ばい状態になってはいるものの、基盤がしっかりしていること、純資産が売上高70億円に対して7億円もあったことから、よほどのことがない限り経営が傾くようには思えませんでした。

また、Eさんが社長を務めていた時期に、ある大手商社に株式を売却した実績があり、その際の株価は1株2万円でした。

このような背景から私たちは、E社の株式を「1株1万円でも買い取る価値がある」と判断したのです。

そこで我々はT氏に帳簿の開示請求を行いました。太陽光発電事業の実態を把握し、無駄なことがあれば是正を求めるつもりだったのです。

ところがT氏は開示を拒みました。根拠も明かさず、ただ「できない」の一点張りです。その姿勢はEさんには通じたのかもしれませんが、我々には通用しません。すぐに株主としての帳簿閲覧権を行使して、帳簿を開示させました。

するとEさんが訴えていたとおり、ずさんな実態が明らかになったのです。T氏は太陽光発電事業を開始するために別会社を設立していたのですが、その会社は事業開始以来4年間、一度も黒字になってはいませんでした。E社はその穴埋めをしていたのです。E社の利益が横ばい状態だった理由のほとんどは、そのためでした。

この帳簿閲覧権の行使以降、問題と思える支出に対して改善要望をさまざまに出しました。もちろんすべて、健全な会社経営のためです。

しかし、E社がそれらを受け入れることはありませんでした。そして1年後に「株式を売ってください。1株=〇〇円でいかがでしょう」と言ってきたのです。私たちは会社経営の改善を見ることができないことを残念に思いましたが、その提案を承諾することにしました。

これは裁判を経ることなく、発行会社との株式売買が成立した事例です。

「一部の株は高く買い取ってくれたのに、残りは額面と言われて……」

Fさん　80歳　女性　無職

私の夫の祖父は、会社の創業者でした。祖父が亡くなり、株は2人の子どもが相続しましたが、その子どもも亡くなったため、現在は孫世代の4家族がそれぞれ保有しています。

そして、夫が3年前に亡くなり、私がその株を相続しました。

それなりの相続税を払いましたが配当はなく、私を含め子どもたちも会社とは何の関わりもなかったため持っている意味が見いだせないでいましたが、とはいえ手放す方法も分からず保有したまま1年が経過した頃、事件が起こりました。なんと親族同士の役員間で争いが起こり、その争いに巻き込まれてしまったのです。

私は全議決権の7%を保有していましたが、そのうち1%の株を1人の親族が購入したいと言ってきました。その代わり、近々行われる株主総会の際には、自分に票を一任して欲しいと言うのです。残りの6％についても継続的協議をするという覚書を交わしてくれたので、1％の株を売却し、総会の票も一任しました。

株主総会が終わって、約束していた継続的協議を申し入れたところ、のらりくらりとかわされて埒が明かず、私は弁護士に依頼することにしました。相手も弁護士を立てたため、双方の弁護士で話し合いが行われましたが解決に至らず、その後調停に進みましたが、相手の主張は、額面であれば購入してもよい、という何とも納得のいかない回答でした。1％の株式を購入してくれたときは、1株4万円だったのに、6％の株式は1株500円でしか買わないというのです。

弁護士の先生も、「相手が買わないと言っている以上、正直打つ手がありません」ということで、半ば諦めていたところ、息子が株式買取相談センターを見つけてくれました。息子と弁護士の先生と一緒に無料相談に行き、これまでのいきさつを説明しました。すると担当者から、「実はこのような事例のご相談はよくあるんですよ」と言われました。つまり、一部のみ買い取ってくれた1株4万円という価格は、7%分の票を獲得するためのもので、目的を達成した今となっては、残りの6%を買い取る必要性がなくなり、額面の500円と主張している、ということなのです。そのとき、やっと利用されたことに気づきました。

確かに、株を購入したいと話を持ちかけてきた親族は、当時の社長を追い出したいと考えていましたが、44%の株しか持っていませんでした。社長を確実に辞めさせるためには、過半の株式を保有している必要があったため、私の1%を高く買い取ることで7%分の票を自分のものとし、当時の社長を追い出すことに成功したのです。

まさか親族からそのような仕打ちを受けるとは思わずたいへんショックでしたが、持っていても配当はなく、私もいい年ですので、私に何かあれば息子たちがまた多額の相続税を負担することになります。夫から相続した大切な株ですが、また争いに巻き込まれるのは嫌なので、とにかく早く手放したいと考えました。株価算定を依頼し、約1カ月が経った頃、センターから連絡があり、「1株1万円で買い取らせていただきます」と回答があったのです。
2年近く何の進展もなく、負の遺産だと考えていた株が約1カ月で手放せるなんて……本当に相談して良かったです。孫が海外へ留学したいと言っているので、その費用もお手伝いできるし、嬉しい限りです。

この会社は、70年以上の歴史のある会社で、売上は100億円、経常利益は40億円を超える超優良企業でした。株価の交渉をスタートすると、やはり会社側は額面の500円を主張してきました。しかし、過去の蓄積は十分あり、また収益性も高い会社の株式です。私たちは現社長と直接面談を行い、交渉を重ねました。裁判所へ価格の決定を委ねることになることも覚悟していましたが、3度目の面談で株価の折り合いがつき、合意に至ったのです。個人で買い取りたいとのことで、私たちの主張した価格には届きませんでしたが、事情を考慮すると納得できる価格でしたので、応諾することにしました。

「税法上の評価で1億以上の価値があると言われたから、返金したのに」

Gさん　53歳　男性　会社経営

父が創業した会社を兄と二人で営んでいました。私の株式保有比率は30％、兄は70％を保有していました。兄は社長を務めていましたが、経営能力はなく、会社にもほとんど来ていませんでした。一方で、私は昔から営業を得意としており、新しい営業所の立ち上げにも携わり、それなりの結果も残してきました。ところが、小さな意見の対立から兄との関係性がぎくしゃくし、今回会社を追い出されることになったのです。

父亡きあと、ここまで会社を成長させてきたのは、他でもない私の功績が大きいと自負していますが、兄の株の保有比率は70％、退職慰労金ももらえないまま退くことになりました。その後、兄は私が保有する30％の株式を買い取る対価として、勝手に3000万円を振り込んできました。事前に話し合いもなく、一方的だったため、懇意にしていた税理士の先生に相談したところ、「その株式は1億円以上の価値があるので、3000万円は返したほうがいいですよ」とアドバイスしてくれました。すぐに兄へお金を返し、適正な価格で買い取るように求めたところ、「それならば、そのまま持っておいてくれ！」と言われてしまったのです。話し合いの場を設定してもらおうと何度か連絡を取りましたが、兄は完全に無視です。何もできないまま、1年が経過しました。私は新しい会社を立ち上げていましたが、お金が必要だったので、なんとかこの株式をお金に換えたいと調べたところ、株式買取相談センターのHPを見つけました。無料で相談に乗ってもらえるということで、すぐに面談を申し込みました。

面談当日、担当者に事情を説明したところ、「確かに、税理士の先生のおっしゃる通り価値のある株式ではありますが、価値があることと会社側がその価格で買い取ってくれるか否かは、別の話なんですよ」と教えてもらいました。私は、1億円以上の価値があるので、その金額で買い取ってもらえるものと思い、何の迷いもなく返金しましたが、その行為が兄の感情を逆なでしてしまったのです。兄とはまったく連絡がとれず、交渉の余地はなくなっていたので、株価の算定をしてもらうことにしました。

依頼して1カ月と少し経った頃、「総額5000万円であれば、買い取ることが可能です！」との連絡がありました。期待していた1億円と比べると半額ではあるものの、新規事業の立ち上げには十分な金額でしたので、譲渡契約を結ぶことにしました。おかげさまで今は新規事業も軌道に乗り、経営も順調です！

今回のご相談者のような事例も、よく遭遇します。相続税（法人税）評価額が○○円だから、その金額で会社側が買ってくれるという誤解です。税法上の評価額は、国が税金を徴収するために定めたルールであり、税理士の先生に依頼をすれば、誰に依頼しても同じ金額が算定されます。しかしながら、非上場株式の売買の際に採用されるのは、税法上の評価額ではありません。そして、そもそも会社もしくはオーナー側は、株式を買い取る義務はありません。買い取るつもりはないと言われてしまえばそれまでなのですが、その現実を知らず、税法上の評価額で買い取ってくれるという思い込みから、誤った交渉を行った結果決裂し、私たちにご相談に来られる方がたくさんいらっしゃいます。

今回の事例では、ご希望の金額で買い取ることは叶いませんでしたが、ご相談者の第二の人生の船出の一助となることができて、本当に良かったです。

「働かない奥さんには多額の給与を払うのに、私には……」

Hさん　52歳　男性　電子機器製造会社経営

私は30代後半のとき、当時勤めていた会社の先輩と3人で電子機器製造会社を創業しました。私たちは技術力に自信があり、会社は順調に成長していきました。創業して15年になりますが、最初の30坪の工場から2回移転し、現在は200坪の工場となっています。

しかし昨年、社長である先輩とトラブルになり会社を辞めることになりました。実は自分一人で同業会社を立ち上げて稼いでいたことがバレたのです。もちろん会社に迷惑はかけていませんでしたが、先輩は自社のノウハウが流出することを心配し、「もう二度と顔を見せるな！」と許してはくれませんでした。

最初は「家のローンが残っているのにどうしよう」と思いましたが、自分の会社が軌道に乗ってきていたこともあり、「ならば自分に賭けよう」と役員として全体の33％（100株）持っていた株式をもともと勤めていた会社に買い取ってもらい、先輩との関係を清算しようと考えたのです。

ところが——先輩から提示された株価は1株7万円（合計700万円）でした。これは私が創業時に出資した金額と同じです。

創業時は先輩二人と私で700万円ずつ出し合い、合計2100万円の資産で仕事を始めました。それが十数年後には、純資産1億8000万円になっています。資産を9倍にした功績はすべてとは言いませんが、私にも十分あると思っています。それなのに「出資した金額だけ払えばいいだろう」という態度はあんまりではないでしょうか。

当然、私は社長に抗議しました。しかし「裏切ったお前が悪い」の一点張りで話になりません。役員であった私は、会社が十分に利益を上げており、お金があることも知っています。また、社長は奥さんを従業員としていましたが、労働の実態はありません。それなのに、税金対策で社長よりも高い給与を支払っていたのです。そんなお金があるのに、私の株式には1円も上乗せしないなんて……。

「こうなったらとことんやってやる！」そう決心して手当たり次第にネット検索をしたところ、見つけたのが株式買取相談センターでした。

最初は「胡散《うさん》臭いかな」と思いましたが、運営会社を調べるとかなり実績を積んでいる経営コンサルティング会社です。迷いましたが、相談だけなら無料ということで問い合わせをしてみました。

その後はとんとん拍子に話が進み、面談をすることになったのです。

株式買取相談センターの担当者に資料を見せて経緯を説明すると、やはり純資産の額に対して1株7万円は安すぎるということでした。一般的な株式評価方法である純資産価額方式を利用すれば、1株あたり60万円になるというのです。そうなると私は100株保有しているので、6000万円ということになります。

ただし、純資産1億8000万円の会社が6000万円支払うことは体力的に無理だろう。また、稼ぎ頭である役員の一人が抜けたので、将来的にも急成長は望めない、その意味でも6000万円を支払うことはあり得ないはずだということでした。

では、いくらが妥当なのか？　もちろん出資額である700万円では納得しません。せめて約3倍の2000万円は欲しい。それだけあれば住宅ローンを一括返済できるからです。

そこで私は、希望売却価格を最低で2000万円（1株20万円）としました。その2カ月後、株式買取相談センターから連絡が入ります。査定価格はきっかり出資額の3倍である2100万円（1株21万円）でした！

15年間預けたお金が3倍（利回り20％）になって戻ったと思えば、悪くない出資です。査定価格で株式売買契約を結ぶことにしました。

おかげさまで住宅ローンも無事に完済でき、晴れ晴れした気持ちで自分の事業に没頭できています。

この会社も私たちが株式譲渡承認を請求したところ、あっさりと認めました。我々が株主となったのです。

そこで私たちはこの会社の経営改善に乗り出しました。まず、帳簿閲覧権を請求しました。理由は社長の奥さんの給与を精査するためです。この調査で判明したのは、Hさんの言うとおり、明らかにおかしい支払い実態でした。

社長の役員報酬は年々下がっている一方で、奥さんの給与は毎年2倍近いペースで上昇しており、前年は700万円を超えてついに社長の役員報酬を上回っていました。それなのに奥さんが業務を行っている記録はほとんど見当たらなかったのです。

また、ここで詳しくは説明しませんが、税務上疑わしい部分も見えてきました。

これらに対して我々は、経営のガバナンスと業務向上のために私を社外取締役にすることを要請しました。

それに対して会社側は、想定どおり難色を示しました。そして「会社で株式を買い取ります」と提案してきたのです。

しかしながら会社が提示した買取価格は、Hさんのときと同様の1株7万円でした。我々はHさんから1株21万円で購入しています。また、会社の資産も豊富にあるので、到底この金額は受け入れられません。そのため価格交渉に入ることになりました。

ここで問題となったのは、やはり会社の将来性です。技術面の柱となっていたHさんが抜けた穴を埋める人材は育っておらず、このままでは売上減が目に見えています。なお、この事例では互いが前向きに交渉に臨んでいたため、裁判の申し立ては行っていません。あくまで先方の公認会計士同席で交渉を行いました。

そうして交渉を続けること1年。ようやく合意できた株価は、1株○○円でした。費やした労力に対するリターンはかなり少ないものでしたが、その間我々が経営に関与することによって、この会社のガバナンスは飛躍的に向上したと自負しています。

「念願のイタリアンレストランをオープンさせることができました！」
Iさん　41歳　男性　飲食店経営

実はこの株式は私の妻のものです。妻の実家は、ある精密機械メーカーの創業家で、彼女が相続していました。

私はそのことを知らずに過ごしてきましたが、先日、脱サラして飲食店を開業しようと費用について妻へ相談したところ、その事実を知りました。

私の夢は、イタリアンレストランのオーナーシェフになることです。もう40代に入ってしまったので、今さらと思われるかもしれませんが、正直にお話しすると20代後半に一度お店をオープンさせたことがあります。開店資金は親から借りました。

そのお店は決して立地条件が良いとはいえず、規模も比較的こぢんまりしたものだったのですが、当時の私は腕に自信があったうえに、当時にしては珍しい地元野菜へのこだわりが受け入れられ、成功すると信じていたのです。実際にオープンして2年間は順調にお客さんが増えていきました。

ところが、ある時期から急に来客数が減り始めました。「なぜだろう？　食材もレシピも変えていないのに……」そう思って常連客に尋ねてみると、私のお店よりも駅近くの場所に、駐車場の広いイタリアンレストランがオープンしていたのです。

私のお店には駐車場がありませんでした。都内では当たり前かもしれませんが、私が出店した地域ではかなり少数派です。それでも味で集客できると思っていたのですが、そんなに甘くはありませんでした……。

結局、私のお店はオープンして3年で畳むことになりました。

「やはりお店は立地だ。今度こそ！」そう誓って10年間、雇われシェフとして腕を磨き続け、親からの借金を返し終わったのはつい最近です。その間に結婚をし、子どもも二人生まれました。

借金はすべて返済した。子どもも二人とも小学校に入学した。それに子どもたちの面倒は近所に住む私の両親が見てくれる。妻は店を手伝ってくれる。私が独立する条件が整ったのです。あとは物件探しでした。

開店するにあたって絶対に妥協できないのが立地です。駅から徒歩5分以内。しかも車の運転が苦手な方でも、簡単に駐車できる余裕のあるスペースを5台分は欲しい。

そうして探すこと約半年。ついに理想の物件が見つかったのでした。しかも、もともと居酒屋だったため、設備はそのままの居抜きで借りられます。

問題は保証金でした。そのエリアの保証金の相場は家賃の6カ月分前後でしたが、見つけた物件はなんと15カ月分。完全に予算オーバーです。でもどうしても借りたい。

そこで私が公的融資などを調べているうちに、妻が「役に立つか分からないけれど自由に使っていいよ」と打ち明けてくれたのが、親から相続した株式だったのでした。妻は相続したものの、その株式の内容についてほとんど分かってはいませんでした。親が亡くなる前に「大きな会社の株式だが、上場していないからほとんど価値はない」と言われていたからです。

とはいえ、年間約80万円の配当金があり、妻はその一部を私の開店資金として預金してくれていたのでした。

しかし、それでも保証金はまったく足りません。私は妻の気持ちに感謝し、その株式について調べることにしました。

株式の発行会社は、実際にかなり大きな精密機械メーカーでした。売上は数百億円あります。いくら上場していないといっても、これだけの規模の株式なら価値があるのではないか。私は「非上場株式　売却」といった検索ワードで、換金方法を探りました。

そこで分かったのは、配当金がある株式は配当還元方式という方法で評価されるのが一般的で、配当金の10年分の価値とされるということでした。10年分なら800万円、それだけのお金があれば、預金と合わせて十分です。

さっそく私はその精密機械メーカーに株式を買い取ってもらえないか連絡を入れてみました。そしてその会社の総務部長から届いた書面内容は次のようなものでした。

「弊社では自己株式の買い取りは行っていません。しかし社員持株会では外部からの買い取りを行っています。買取価格は1株300円です」

妻の保有している株式は1万1200株です。1株300円ということは、336万円。800万円の半分以下、これでは開店資金に足りません。しかし会社は「ほかに方法はない」とそれ以上は相手にしてくれませんでした。

このような状況で出会ったのが、株式買取相談センターです。早く資金のめどをつけないとほかの人に物件を借りられてしまう……。私はわらをもつかむ思いで面談に臨みました。

面談では、株式買取相談センターの担当者も会社の規模に驚いていたほどです。売上が数百億円もあるケースはなかなかないと。そのこともあり、希望買取価格800万円に対して「前向きに検討しましょう」という言葉をいただきました。

待つこと約2カ月。センターの回答は「800万円で買い取らせていただきます」というものでした。
私と妻は何度もハイタッチをして喜びました。そして念願のイタリアンレストランを先月オープン。地元の食材を使ったジビエ料理が話題となり、週末は予約でいっぱいになるほど繁盛しています。ホールで手伝ってくれている妻も「ソムリエの資格を取る！」とやる気満々です。

この株式を換金するまでの経緯は、かなり困難なものでした。私たちが株式譲渡承認の請求をすると、会社側はすぐに不承認とし、第三者の買取人を指定してきたのです。買取希望価格は配当還元方式の1株800円。つまり私たちがIさんから買い取った金額と同じでした。

もちろん、私たちはその金額で納得できるはずはありません。希望売却金額として純資産価額方式を根拠とする2400円を提示しました。

すると会社側は、裁判所に株式売買価格決定の申し立てを行ったのです。裁判時の先方弁護士の主張をまとめるとこうなります。

「関係人（我々のこと）の持株比率はわずか0・1％である。それゆえ経営支配権を獲得できるような状況にはなく、現実的な利益は配当を受ける権利のみだ。したがって、売買価格決定に際しては、将来の配当のみを基礎として算出する配当還元方式によって算定すべきである。

また関係人は、純資産価額方式を採用するように主張するが、本件の会社は国内12社、国外7社を有する持株会社であり、前身となる精密機器製造会社は90年以上の歴史がある。そのような事業の継続が予定されている会社に対して、すべての資産の処分を仮定して算出する純資産価額方式の採用は不適切である。

このようなことから、売買価格は配当還元方式によって算定される、1株あたり800円とされるべきである」

先方が主張する株価は1株800円。我々が主張する株価は1株2400円。3倍の開きがあります。しかも先方は有名な弁護士事務所に依頼して、一歩も譲る姿勢を見せません。

そこで私たちも「長期戦になる」と腹を括《くく》りました。そして頑なに純資産価額方式ばかりを押し通すのではなく、ＤＣＦ法などほかの評価方法も組み合わせて歩み寄れる金額を探りました。

裁判所での協議を繰り返すこと11回。最終的には裁判所が鑑定人を立てることになりました。鑑定人が出した金額は、１株あたり○○円。先方も私たちも消耗しきっていたため、その金額で和解に至りました。

「社長を4年務めるも、現社長と役員により退職に追いやられてしまい、役員退職金ゼロ、株式も額面でしか買い取ってもらえない」

Jさん　43歳　男性　無職

私は若い頃からＩＴ企業でまじめにコツコツ働いてきました。目立ったことは苦手ですが、まじめさが認められたのか、８年前に30代の若さで取締役営業部長に抜擢《ばってき》され、さらに4年後には当時の社長に指名されて代表取締役社長になり、この4年間一生懸命働いてきました。

ところが、私は営業現場出身なのに対して、管理畑の役員がおり、その役員はそもそも営業しか知らない私が社長に指名されたのが気に入らないようで、何かにつけて反論したり、役員会で恥をかかせるようなことを言ったりするようになりました。会社の経営方針もことごとく反目し合うので、やりにくくて仕方がありませんでした。

そのうち、ほかの役員たちもその役員に同調するようになっていきました。私が社長になってから会社の業績が悪化したことも、私の味方がいなかった要因の一つだったかもしれません。

ある日、ついに私は株主総会で解任され、代わりにその役員が代表取締役に就任しました。その役員と結託した役員で議決権の過半数をもっていたからです。その後、当然のように退職まで促され、居場所もない私は退職を受け入れるしかありませんでした。

こうして私は43歳にして突然無職となりました。まだ下の息子は中学生、もちろん家のローンも残っていましたので、明日からどうしたらいいのかと目の前が真っ暗になりました。真っ先に考えたのは、役員退職金をもらえるだろうということでした。役員を8年も担い、4年間は社長として頑張ってきたのです。それに前社長から譲ってもらった自社株があったので、それを買い取ってもらえばそれなりのお金になり、当面はなんとかなるだろうと考えました。

さっそく新社長に交渉を開始しました。役員退職金と保有株式の買取を依頼したのです。私に冷たく当たってきた新社長は同情のかけらもない態度で、退職金は500万円、株式は1株当たり額面の500円なら、と条件提示しました。

私は愕然《がくぜん》としました。なぜなら、会社が元役員から買い取ったときの価格は1株当たり2万円、新社長が元役員から買い取った価格も1万円であったことを私は知っていたからです。なぜ自分のときだけ額面でしか買い取らないのか、また、会社の価値から考えてもそんなに安くはならないはずだと考えました。業績が悪化傾向であったとはいえ、1株当たり純資産は4万円、自己資本比率も80％、現預金も2億円はあります。

もちろん、もう少しなんとかならないかと訴えましたが、それっきり交渉もしてくれず、会ってもくれません。どうしても納得がいかず、怒りと不安で何日も眠れませんでした。でもそんなことを続けていても事態は改善しないどころか、うつ病になりそうで心配でした。

そこで、困り果てた私はネット検索で非上場株式を買い取ってくれるところがないか必死で探しました。そこで見つけたのが株式買取相談センターだったのです。

申込フォームから送信するとすぐに丁寧な返信をいただき、相談申込書や会社の決算書等準備物を教えてくれ、無料相談の面談を設定してくれました。面談では、親身になって丁寧に話を聞いてくれたので、会うまでの不安が嘘《うそ》のように消えて安堵《あんど》しました。

面談のあと約1カ月で「簡易調査が終わったので買取提案をさせていただきます」と連絡があり、再度株式買取相談センターに行きました。私の窮境に配慮いただいたのか、会社提示価格よりはるかに高い価格で提示をいただいたのです。諦めなくてよかった！と一気に気持ちが明るくなりました。

しかも、今後についてもいろいろと丁寧な説明をしてくれたのです。株券発行会社なので、譲渡するには株券発行を会社に依頼しなければならないことも教えてもらいました。

翌日、さっそく株券の発行を会社に依頼し、退職金について話を進めたい旨を伝えました。すると、退職金はゼロ円、買取価格は以前の主張どおり額面500円、株券は今まで発行したことがなく、高いコストがかかるので発行はしない、との回答でした。退職金500万円ですらゼロにされてしまったのです！

何度も株券発行要請をしましたが埒が明かず、株式買取相談センターに状況報告をしました。センターと提携されている弁護士の先生が作成くださった「株券発行要請書」を改めて会社に送ったところ、おかげさまで今度は「発行します」と返答がありました。

こうして株式買取相談センターへの譲渡の準備が整い、株式譲渡契約を無事に締結しました。

株式買取相談センターに出会っていなかったら、職を失い、退職金はゼロ、株式も雀《すずめ》の涙もしくはゼロ。どうやって家族を養っていけばいいのか途方に暮れ、場合によっては保険金をあてにした自殺も考えたかもしれません。本当に感謝しています。

私と同じような目に遭っている方がほかにも全国にたくさんいらっしゃるのではないでしょうか。非上場株式だけは、会社が首を縦に振らなければ泣き寝入りするしか道がないのです。買取価格は会社の株式価値を度外視した社長の言い値です。本当に不条理な世界がここにあるのです。

一人でも多くの非上場株式の少数株主に株式買取相談センターのことを知ってもらい、私と同じように救われてほしいと思います。

この会社は株券発行会社であるにもかかわらず、株主からの株券発行要請を拒否したり、役員として8年働いた人間の退職金をゼロ円にしたりと、これは私たちが株主となっても交渉や情報開示が難航するかもしれないなと覚悟していました。

まずはご挨拶の自己紹介レターを会社案内とともに発行会社に送り、そして会社法に則り譲渡承認請求をしたところ、不承認・買取通知が届きました。その後代理人弁護士が連絡してこられたのですが、非常に優秀な先生でした。会社は私たちに株主になってもらいたくないと買取を決めたものの、さりとて、供託するには手元資金の余裕がない。その連立方程式を解ける先生でした。

「会社が使えるお金は〇〇円までしかないのでその範囲内で決めてほしい。それが無理なら仕方がありませんが、株主としてお迎えするしかありません」と単刀直入でした。それは、会社の現預金残高から必要運転資金を確保して、株式取得に充当可能な金額でした。そこで、提案を受け入れることにしました。私たちの買取価格から判断しても納得できる金額でした。

Jさんを絶望の淵《ふち》から救うことができましたし、私たちが支払った譲渡代金を息子さんの教育費に充てたり、モノやサービスを購入したりする一助になれて本当に良かったです。

「代理人弁護士として発行会社と買取の交渉をするも、1年が経過し万策尽きました」

Kさん　58歳　男性　弁護士

私は地方都市で弁護士をしております。ある依頼人が保有されている非上場株式の買取につき、代理人弁護士として発行会社と交渉してまいりました。もともとこの株式は依頼人のお父さまが発行会社の設立時に出資し、長年保有・支援を続けてきた経緯がありますが、依頼人はこれを昨年相続しただけで、発行会社との接点はなく、配当もないため持ち続ける理由がないと考えています。そのため、適正価格にて第三者か発行会社に譲渡を希望しています。

依頼を受け、さっそく発行会社に趣旨を伝えたところ、いったん会社が買い戻して、その後社員かそのほかの方に持っていただくつもりとの良い返答がありました。しかし、顧問税理士が昨年算定した評価は1株250円。配当もなしに長年持ってもらったことや譲渡制限株式であることを配慮して1株500円（額面）で譲り受けるとの内容だったのです。

最新期の簿価純資産価格は1株当たり4210円です。もちろん、多大な含み益や含み損があれば実態からかけ離れた価格となりますので、この簿価純資産価格が絶対に適正価格と言うつもりはありませんが、少なくとも、顧問税理士が250円と算出した評価報告書の開示を求めました。

会社は「再度顧問税理士に株価計算をしてもらったがやはり1株250円との評価であった。今までにほかの株主の株式の一時的引き取り（預かり）に対しても額面500円でお願いしてきた経緯がある以上、差をつけることはできない」という趣旨と顧問税理士の評価報告書を送ってきました。これを見ると、計算方法として配当還元方式を採用し、直近2年間の配当がゼロ円であることを根拠にして、1株当たり250円という結論を導き出しているに過ぎないことが分かりました。

会社の説明は、「会社の支配権を持たない少数株主間の取引であり、所得税法上の評価額は、非公開株式の配当期待権のみの評価となるため、配当還元方式での評価計算方式を採用し、1株250円となる」というものでした。

取引相場のない非公開株式売却価格の算定方法は複数あり、また複数の考え方があります。頑として1株500円を譲らない会社に対し、改めて株式価値を算定するため、株主名簿の閲覧・謄写、過去5年分の貸借対照表、損益計算書、株主資本等変動計算書、個別注記表、事業報告書、計算書類の附属明細書、事業報告の附属明細書の閲覧・謄写を請求しました。

しかし会社は各種計算書類の閲覧・謄写請求には一切応じず、しかも「以前から額面での引取価格としている。ほかの株主と平等に扱う必要がある。今後もそのように統一した対応をする必要があるため、額面の500円以上での金額での取引には応じられない。今回を最終回答とする」と一方的に交渉を拒否してきたのです。

1年が経過したのに交渉は変わらず平行線でした。万策尽きたとき、懇意にしている公認会計士から株式買取相談センターのことを教えてもらったのです。半信半疑ながら電話してみると、とても良い対応でしたので正直少し意外でした。その後、きちんと秘密保持契約を結んだうえでの情報開示へと進みました。これで買い取っていただけるのだろうか、判断してもらえるのだろうか、と内心不安でしたが、約1カ月後に「簡易調査が終わりましたので買取提案させていただきます」と連絡があり、WEB面談にて買取提案を受けました。買取提示価格は発行会社提示価格（額面）の倍以上でした。依頼人に報告したら、進めてほしいとのことでしたので譲渡契約を締結しました。

1年根気よく交渉を続けてきたにもかかわらず平行線でどうしようもなかった非上場株式の適切価格での換金問題が、あっという間に解決できたのです。依頼人にも喜んでいただき、本当にありがたい限りです。もっと早く株式買取相談センターを知っていれば、早く相談できたのに、とさえ思います。

私たちが株式を取得して、株式譲渡承認請求をすると、会社の代理人A弁護士から、譲渡拒否の通知が届きました。

そこで、A弁護士と電話での株価協議をしましたが、250円の話が出て協議は不成立でした。

その後、地方裁判所における「株式売買価格決定申立事件」として、非訟事件となりました。

第1回の審問で、裁判官に、双方の主張に隔たりが大きいので、専門委員の先生の関与を要請し、認められました。

そして、第2回審問において、専門委員の公認会計士に両社の主張について助言を求めたところ、株式売買価格決定申立事件においては、税法上の株価は採用できないので、私たちが主張する簿価純資産価額方式とDCF法が本件の株価としてはよりふさわしいと意見表明されました。

すると、それまで非常に強気だったA弁護士が和解したいと突然方針を転換して、私たちの株価に歩み寄る姿勢を示し、その場で和解成立する運びとなりました。

地方の会社の株価主張は、顧問税理士の相続税における株価算定を根拠とされる例が多いのですが、税法上の株価は、税務署（国）との関係における株価であり、株式売買価格決定申立事件において使われるのは、日本公認会計士協会作成の「企業価値評価ガイドライン」です。こと株価に関しては、税理士の先生ではなく、公認会計士が専門家であることを知ってほしいと感じます。

そのほかにも、アンケート調査結果からも少数株主の喜びがうかがえます。以下はその一部です。

専門家によって自分が思っていた適切な価格以上の譲渡価格が算定されました。公認会計士の方など、広く専門家とともに業務を行っており、信頼感を感じました。
（Lさん　52歳　男性）

私が代表を務めていた会社の取締役の裏切り行為により、退社することとなりました。会社側からは譲渡制限株式を購入時の価格で買い取ると言われ、ほかに何か買取方法がないものか調べていたところ、「株式会社喜望大地　株式買取相談センター」のことを知ったのです。事務所にうかがい相談したところ、親身に相談に乗っていただき、株式の買取相談から譲渡契約まで分かりやすく説明いただきました。細かな対応もしていただき、結果的に株式購入時の7倍の価格で喜望大地様に譲渡する契約を結ぶことができました。（Mさん　57歳　男性）

株式買取相談センターに相談する以前に弁護士に相談しましたが、買取投資家を紹介すると言うだけでそのまま消滅していました。株式買取相談センターでは株式についての知識や必要書類などを知らない者にも親切丁寧に説明してくれ、また、企業調査のうえ期待以上の価格で買い取ってくれました。フリーズ状態のままの価値ある株式を生かしてくださった救世主ともいうべき株式買取相談センターに感謝しています。（Nさん　61歳　男性）

株式買取相談センターは東京と大阪に拠点があり、私の居住地の名古屋に拠点がないにもかかわらず、名古屋市内で契約をしていただいたので感謝しかありません。つい私の感情が高ぶってしまう場面でも相談員の方は冷静沈着で、名のある上場会社の人でも真似《まね》することができない対応だと思います。（Oさん　52歳　男性）

役員になって株式の仕組みも理解しないまま会社の株式をもつことになりましたが、今回ほかの役員の思惑もあって排除されることとなり、退任・退職を余儀なくされたのです。ここで初めて譲渡制限付の未公開株を手放すことの難しさと理不尽さを知りました。

弁護士にも相談に行きましたが、購入額で買い戻してもらうことが精一杯とのお話でした。途方に暮れていたところ、未公開株の買取サービスをしてくれるところがあると教えてもらい、縋《すが》る思いで電話をしました。相談員の方は親身になって事情を聞いてくれ、また、株式や譲渡について分かりやすく説明してくれました。初回面談までのスケジューリングもあっという間に段取っていただきました。

面談では私のおかれている状況やこれからの事情も汲《く》んでいただき、そのうえで買取額を提示していただきたいへん助かりました。会社との交渉のなかでは先が見えず、現金化は諦めるしかないのかと思っていたときに、精神的にもフォローしていただいたと思っています。また、株の仕組みを知ることができたことも良かったと思っています。

会社の株をもち、経営に参画することが公開・未公開関係なく正当に評価され、権利が守られるような世の中になってほしいと思います。（Pさん　40代　女性）

祖父が創業した会社は、ヒット商品があったので他社より業績が良く順風満帆でした。父が亡くなり相続も問題なく済んだのですが、ある日、突然兄の息子が会社に来たのです。その後、だんだん兄は息子を味方に付けて私を排除するようになり、関係が悪化していきました。人間関係がうまくいかないと本当につらかったです。

それから2～3年経過後、喜望大地のセミナーで無料相談できることを知りました。すぐに面談してもらったのですが、スタッフの方々は知識豊富で対応も良く、予想以上の価格にて契約ができ、契約の不備もなく、送金も契約どおり完了していただき、心から感謝しています。今はお金のこと以上に、兄との人間関係がなくなりほっとしています。私と同じような立場の人が一人でも救われるようにと切に願います。（Qさん　50代　男性）

非上場株式買取のQ＆A

最後に、ここまでで説明しきれなかった非上場株式買取に関することで、クライアントから質問の多い内容をQ＆A形式で紹介していきます。

Q1．「相談者は株主本人でなくても大丈夫？」

A．高齢化が加速する日本において、経営者の高齢化も進んでいます。2019年版『中小企業白書』（中小企業庁）によると、中小企業経営者の最も多い年齢は

1995年で47歳だったのが、2018年には69歳になっています。この傾向は創業時を支えた株主にも当てはまるでしょう。要するに、非上場会社の株主も高齢化が進んでいるのです。

実際に私たちのところへ相談に来る人のなかで、70歳を超える割合は少なくありません。今後はますます株主の高齢化が進み、直接私たちへ相談に来るのが困難なケースが増えていくことは間違いないでしょう。そのような場合に、子どもや親類などが代理人として相談に来ることはまったく問題ありません。認知症などを患って判断ができなくなる前に、ぜひ相談するべきです。

また、なんらかの理由で代理人が相談に来ることも可能です。どのような理由にしても代理人は株主総会の資料を持参し、私たちが用意する申込用紙の記入事項を埋めることができれば問題ありません。

Q2.「希望売却価格は何を目安にすればいい？」

A. 実はクライアントに希望売却価格を確認すると「株式は売りたい。でもいくらで売ればいいのか目安が分からない」といったケースが大多数を占めます。非上場株式の売買機会など一生のうちに一度あるかないかでしょうから、分からないのは当然です。

非上場株式の価値を算出する方法は、第3章で説明したように複数あります。そのなかでも一般の人が比較的簡単に算出できるのは、簿価純資産価額方式（87ページ参照）と配当還元方式（90ページ参照）です。特に配当還元方式は配当金を単純に10倍にする方法ですから、誰にでも利用しやすいはずです。しかし、配当の金額が適正か否かを判断できない一般の人が配当還元方式を目安とするのはお勧めできません。なぜなら非上場会社の場合、利益があっても配当金を支払わない場合や利益に比例せず少ない配当金を支払っていることがあるからです。

したがって、取得した株価や株式の額面に対していくらプラスになるかを考えてみることをお勧めします。売買は買い手が買う気にならないと成立しないという現実があります。

Q3.「相談をしてから換金できるまでの期間はどれくらい？」

A.非上場株式を買い取るか否か、買い取るならいくらかといった調査期間はケースバイケースです。

特に株式発行会社の規模が大きくなればなるほど、調査項目も増えて時間がかかります。また、買取価格が多額になると私たちだけでは現金を用意することができないので、資金調達をする期間が必要です。そうなれば換金までの時間は余計にかかります。

このような例外的なことがなければ、株式発行会社の調査期間で2カ月前後、それにクライアントとの相談・価格交渉をする期間などを加えて合計3カ月前後が換金までの目安となります。

おわりに

私が非上場株式の買取事業を行う決心をしたのは、外食チェーン会社の役員を解任された女性の相談を受けたことがきっかけでした。

当時の我々は、経営コンサルティング一筋。事業再生を中心に事業承継、M&A、資金調達、会社再建、ベンチャー育成などに日々取り組んでいました。

そんなある日、知り合いのコンサルタントから「会社経営をしている兄に自宅を奪われそうになっている女性がいるので相談に乗ってあげてほしい」という依頼があったのです。

最初は「兄妹の揉め事なんて当社の守備範囲ではないのに」と思っていましたが、「とりあえず話を聞くだけでも」と面会することにしました。

実際に会ってみると、自宅のことだけではなく「非上場株式を売却したいが会社が買い取ってくれない」という大きな問題も抱えていたのです。

実は非上場株式に関しては、これよりもずっと前から気になっていました。我々がコンサルティングをする中小企業では、この問題が頻繁に発生していたからです。

これだけ困っている人が多いなら、腹を括るしかない――。

私は非上場株式について猛勉強しました。そこで分かったのは「株式を発行した会社と交渉する専門家がどこにもいない」ということでした。

株式を発行した会社が、株主が見つけてきた買主を承認しない場合は、会社または会社が指定する第三者が株式を買い取らなければなりません。しかしほとんどの場合、いくら業績を伸ばしていようと、多額の純資産があろうと、その買い取り金額は非常に低い。私たちが株価査定に使用する簿価純資産価額方式の10分の1は当たり前というのが実状です。

だからといって交渉のプロではない株主が表に出ても、話がまとまるはずがありません。ですから多くの株主が悔しい思いを飲み込んで、非上場株式を塩漬けにしているのです。こんな理不尽が常態化していていいのでしょうか。

上場企業の場合は、業績を上げていれば、それに比例して株価や配当金も上がります。ところが非上場企業は、株価が上がらないどころか配当を出さないところも珍しくありません。どちらも経営者の胸三寸で決められるからです。

株式を適正価格で買い取らない、株主総会をやらない、取締役会をやらない、配当金はない、従業員の給与は安い、なのに経営者は高給――。

このように、多くの非上場会社は公明正大ではありません。

ここに一石を投じなければ――。

そう考えた私は、自分がリスクを取る株式買取事業の開始を決断したのです。

日本に約243万社ある非上場会社の大多数は資本金1億円以下の中小企業です。

財務省の2022年度年次別法人企業統計調査によると、日本の資本金1億円以下の会社の内部留保（利益剰余金）は、約180兆円もあります。内部留保とは「売上から費用と税金を差し引いたお金を貯めたもの」です。世の中では「それだけあれば社員の給与を上げろ」「設備投資に回せ」といった声が大きくなっていますが、株式の買い取りにも利用できるお金です。

中小企業のほとんどは非上場会社です。要するに日本の非上場株式には180兆円近い価値があるのです。この金額はあまりに膨大なのでピンとこないかもしれませんが、日本の国家予算（一般会計予算）が約114兆円（2023年度時点）と聞けば、どれだけ大きな価値か想像できるのではないでしょうか。

今までほとんどが塩漬けになっていたこれだけの価値が自由に、かつ適正価格で流通すれば日本経済は、大いに活性化されるはずです。なぜなら、株式を現金化した少数株主はモノやサービスを購入するからです。

また、私たちのような経営コンサルタントが株式の買い取りによって非上場会社の株主になれば、ワンマンまたは仲良し同士で行っていた経営に緊張感が生まれます。そうなれば多くの場合、利益が上向くことでしょう。

したがって、非上場株式の買取サービスは株主だけでなく、非上場会社、買取会社、そして世の中の「四方良し《しほうよ》」の事業といえます。

とはいえ、私たちがすべての非上場株式売買に関わることはできません。ですが私たちの事業が世に広まれば、同様のスキームで参入してくる事業者もきっと出てくるのではないでしょうか。

この事業が当たり前の社会になり、日本経済が再び活気を取り戻せば、税収も増え、待機児童の解消や教育費の無償化などが実現され、少子化対策も充実するはずです。そうなれば50年後、100年後の国を担う子どもたちがもっと増えていくでしょう。するとさらに日本経済が活気づいていく――。

私の夢は、そんな未来の実現に少しでも役立つことです。

しかしながら本書を読み終えた皆さんは、このような明るい未来のことだけでなく、すぐにでも塩漬けになっている非上場株式を換金したいと考えているはずです。その方法はすでに本書で理解できましたね。

では、ともに行動を開始していきましょう。

ダウンロードサービス

本書をご購入いただいたあなたには「株価算定エクセルテンプレート（簡易版）」をダウンロード提供します。本書の内容と連動したテンプレートになります。こちらのダウンロードページより入手してください（アドレスの入力ミスが多いのでご注意ください）。

本テンプレートを、ぜひあなたの株価算定に活用してください。

※ダウンロードサービスの内容は予告なく変更・終了となる場合があります。

https://kabukaitori.com/dw/

株式買取相談センター

株式買取相談センターでは、無料相談・無料算定・適正買取で必要な手続き、対策をまとめてサポートします。

こちらのお問い合わせページより、無料相談をお申込みください。

https://kabukaitori.com

著者プロフィール

喜多洲山 きた しゅうざん

株式会社喜望大地代表取締役会長、オーナー社長歴46年。社長の経営の安定化と安定した経営における事業承継をミッションとする。地方の小売業の3代目として年商1億円を50億円まで拡大し、SBIやベンチャーキャピタル4社から出資を受けIPOを目指すも、破綻寸前の経営危機に陥る。内容証明郵便300通、特別送達100通、所有不動産の競売9物件、数え切れない差し押さえなどの筆舌に尽くせぬ艱難《かんなん》辛苦を経験する。修羅場体験の中で事業継続に奔走し、組織再編とスポンサーへのM&Aで事業を再生。その経験を活かして、20年間で約1100社の事業再生・変革に成功する。「社長に笑顔と勇気を与え続ける！」を旗印に、悩める社長の救世主として、事業承継に重要な経営権の承継コンサルティングを日本全国で展開する。認定事業再生士（CTP）、立命館大学大学院経営管理研究科修了（MBA）。著書に『少数株主のための非上場株式を高価売却する方法』（幻冬舎メディアコンサルティング）、『あなたの会社をお救いします――事業再生総合病院』（幻冬舎）、『オーナー社長歴45年　洲山が語る　社長のための分散株式の集約で経営権を確保する方法』（ダイヤモンド社）、『社長最後の大仕事。借金があっても事業承継』（共著、ダイヤモンド社）、『ハイリスク金融商品に騙されるな！』（共著、PHP研究所）などがある。

本書についての
ご意見・ご感想はコチラ

増補改訂三版
少数株主のための非上場株式を高価売却する方法

2024 年 4 月 19 日　第 1 刷発行

著　者　　喜多洲山
発行人　　久保田貴幸

発行元　　株式会社 幻冬舎メディアコンサルティング
〒 151-0051　東京都渋谷区千駄ヶ谷 4-9-7
電話　03-5411-6440（編集）

発売元　　株式会社 幻冬舎
〒 151-0051　東京都渋谷区千駄ヶ谷 4-9-7
電話　03-5411-6222（営業）

印刷・製本　中央精版印刷株式会社
装　丁　　長谷川沙恵

検印廃止

Printed in Japan
ISBN 978-4-344-94792-4 C2033
幻冬舎メディアコンサルティングＨＰ
https://www.gentosha-mc.com/